日本中から嫌われている僕が、絶対に病まない理由

今すぐ真似できる！
クロちゃん流モンスターメンタル術30

安田大サーカス
クロちゃん

徳間書店

はじめに

クロちゃん流の発想法で、今より生きやすくなれたらハッピー

ご存知だとは思いますが、僕は嫌われ者です。

特に『水曜日のダウンタウン』に出るようになってからは、「クズ！」「嘘つき野郎！」といった罵詈雑言が連日のように殺到。今では「おはようございますだしん！」ってツイッターで挨拶するだけで、「死ね！」というレスが山のように届くようになりました。

毎朝、起きた直後から死ねと責められるってなかなか経験できることじゃありませんよ。おそらく僕は日本で一番バッシングを浴びている男じゃないでしょうか。

正直、普通の人だったらとっくに病んでいると思うんです。

すさまじい人数分の剥き出しの悪意が一気に自分に向かってくる……この圧力ってハンパじゃありませんから。受けるほうとしても、すごくエネルギーを消耗するんです。

今はＳＮＳの普及によって、芸能人やスポーツ選手のような有名人じゃなくても、どんな人でも批判に晒《さら》される機会は増えていますよね。自分の名前をエゴサーチしたら消えたくなることもあるでしょう。

小中学校でのＬＩＮＥいじめなどは、まさにその典型。それからバッシングを浴びた配信者が自ら命を絶つなんていう痛ましい事件も聞こえてきます。

僕は極端な例かもしれないけど、みんな多かれ少なかれ心を疲弊させている時代なのは間違いない。精神的にタフになることが求められているんです。

僕は仕事でアイドルちゃんと関わる機会が多いんですけど、カメラが回っていないところで尋ねられることがよくあります。

「クロちゃんって毎日めちゃくちゃアンチから叩かれまくっていますよね。それなのに、なぜ平然としているんですか？」

彼女たちは人気商売。今のアイドルはＳＮＳが必須だからファンの人たちと積極的にコミュニケーションを取るのですが、その過程でメンタルをやられるケースが非常に多い。心ない人たちは、どこにだっていますから。

これはメンバーだけでなく、運営サイドからも相談されますね。現代の病理が「アイドルとファンのＳＮＳでのやりとり」に凝縮されていると言っても過言ではない。

彼女たちがアドバイスを求めてくるのは、ある意味で僕のことを「うらやましい」あるいは「参考にしたい」と考えているからでしょう。「クロちゃんくらいメンタルが強かったら、怖いものなんてないでしょうね」ということらしいんです。

でも、それは大いなる誤解。

はっきり言います。僕は決してド厚かましい人間じゃないですよ。むしろガラスのメンタルだと自分では考えている。ただ、普通の人よりもダメージを回避する術を知っているだけなんです。

そして、こうも思うんです。僕は特別な人間じゃない。ガラスのメンタルだからこそ、図太く生きる方法をみんなに伝えられるかもしれない——。

そのノウハウをまとめたのが、今、みなさんが手に取っているこの『日本中から嫌われている僕が、絶対に病まない理由』という本なのです。ここでは芸人としてのおちゃらけた面は封印し、最初から最後まで大真面目にメンタルの整え方を提唱しています。よくあるタレント本とは一線を画した内容かもしれません。


「学校、仕事、家族の人間関係で悩んでいる」

「会議で発言するたび、手が震えるし動悸も止まらない」

「ずっと前から恋愛で行き詰まっている」

世の中にある悩みのほとんどは、自分のメンタルを強化することで乗り越えられます。

あるいは発想法の転換ひとつで、悩みなんて吹っ飛ぶことも珍しくありません。ちょっとしたきっかけで、心にのしかかっていた重い気分がスッと消えていく。誰でもそんな経験をしたことが一度くらいはありませんか？

もちろん僕の場合、前提として叩かれている回数が普通の人よりも多いという面はあると思います。なにしろ芸能人になるずっと前から叩かれ続けていましたから。バッシングを浴びること自体が筋金入りなので、自然と免疫がついているんでしょうね。例えば中学では「声が高い」というだけでバカにされたりしました。でも、そのときは「大好きなアニメの曲が歌いやすくてラッキー」と無理やり発想を逆転させて乗り越えたんです。

芸人になってからは、自分の要領が悪かったこともあって、団長（安田大サーカス）や先輩芸人から怒鳴りつけられることが日常茶飯事。そういうときは「きちんと部下を叱ることもできない、無能な先輩なんだな」と心の中で相手を見下していました。

この方法はどんな局面でも応用可能で、例えば「理論立てて相手を説得する能力がない程度の低い先生」「自分の感情に任せてキレ散らかし、チームの雰囲気をブチ壊す幼稚なキャプテン」といった調子で相手をおもいっきり蔑《さげす》む。

こんな僕の様子を見て「なんでそんな不遜《ふそん》なの？」と呆れる人もいるでしょうけど、これは僕なりのメンタル・ディフェンス術なんです。怒りの言葉を100％真に受けていたら、こっちの身が持たないですよ。

自分のダメージを軽減するためには、相手を心の中で罵倒するくらいのナメ腐った態度で臨んだほうがいいと思います。結果として、そっちのほうが人間関係も潤滑に進みますしね。

もちろん怒られたときは、シュンと反省する振りをすることは最低限のエチケット。相手が「さすがにこいつも反省しているんだな」と納得するような演技はしていただきたいのですが……。

柳が風になびくように、逆らわずに穏やかにあしらうという意味の「柳に風」ということわざがありますが、僕のメンタル術も「柳に風作戦」と言えるかもしれない。

もちろん、この本には「柳に風作戦」以外にも、僕が実体験から獲得したメンタル管理術が網羅されています。

どうしたら前向きになれるのか？

どうしたら人と上手につき合えるのか？

どうしたら必要以上に傷つかないで済むのか？

1回きりの人生。どうせなら少しでもハッピーに過ごせるように、自分のメンタルは自分で守ってあげたいものです。

クロちゃん流の発想法を身につけたら、きっと今よりも生き方が楽になるはず。この本によって読んでいる人の毎日が楽しくなることを、僕自身も楽しみにしています。

第1章 バカを相手にするのはコスパが悪い メンタル管理術

第2章

コミュ障を克服するレッスン

人間関係構築方法

第3章

なぜ僕は嘘をつくのか

切り離せないアンチの存在

第4章

SNSは凶器

日本一の炎上男からのメッセージ

第5章

波乱の半生記

クロちゃんがクロちゃんになるまで

第6章

関係者が徹底証言 クロちゃん真の姿

第1章

バカを相手にするのはコスパが悪い

メンタル管理術

普通だったらノイローゼ……
日本一バッシングを浴びる男の日常

国民的ヒール。稀代の嫌われ者。炎上の魔術師。日本一バッシングを浴びる男――。

おかげさまで最近はいろんな呼ばれ方をされるようになりましたが、実際、僕の叩かれっぷりはみなさんが想像しているよりもはるかにひどいと思います。正直、「なんでこんなこと言われなきゃいけないんだろう？」と感じることも結構ありますから。

だって「死ね！」とか平気で言ってくるんですよ。それがネットのNGワードということでBANされるようになると、カタカナで「タヒ」とか言い換えたりして、なんとか僕に死んでほしいという気持ちを伝えようとする。

相手の憎しみの感情がピークに達していることが、文字面からも伝わってくるんですよね。「テレビの中の人に対して、ここまで憎悪の感情を爆発させられるんだ」ってこっちが感心してしまうくらいです。

なにしろテレビ局にはもちろん、僕が通っているスポーツジムにまで「通わせるな！」って苦情が来るくらいですから。それこそ所属事務所になんてハンパじゃなく苦情が寄せられます。「総務じゃ話にならない！　直接マネージャーを出せ！」「非通知でいいからマネージャーから電話をかけさせろ！」と高圧的に電凸を何度も繰り返すアンチが何人もいる。もう本気で怒鳴ってくるんですよ。まるで反社勢力の恫喝みたいです。

しかも僕の場合、『水曜日のダウンタウン』によって自宅が晒されているので、マンションの場所がほぼ割れているじゃないですか。だから家への嫌がらせも尋常じゃない。普通だったらノイローゼになりますよ。毎日が異常事態です。

僕だって別に嫌われたくて嫌われているわけじゃないですよ。でも「あえて嫌われ者役を演じているんでしょ？」「見る人がヒートアップするように世間を煽っている」

という見方も一部にはあるみたいなんですよね。

プロレスでいうところのヒール（悪役）みたいな感じ。タイガー・ジェット・シンとかアブドーラ・ザ・ブッチャーが嫌われれば嫌われるほど、観客がヒートして興行全体は盛り上がるじゃないですか。

あるいは「悪名は無名に勝る」という表現がありますよね。「みんなのヘイトを集めることで、タレントとして存在感を出していくという戦略なの？」という訝《いぶか》しがる見方もあるようですが、そんな器用な真似は僕にできません。普通にナチュラルに嫌われているだけです（苦笑）。

そもそも僕はもともと芸人じゃなくて、本気でアイドルになりたくて芸能界に入ったくらいだから、わざわざ自分から嫌われようなんて考えるわけがない。「しめしめ、またバッシングされているな」なんて思わないですって。

先日、ラジオ番組で『アイドルマスター』でも活躍している声優・逢田梨香子ちゃんに聞かれたんです。「なんでそんなメンタルが強いんですか？」って。

実は彼女もSNSでたわいのない嘘をついたら、それがファンの間で大炎上したという過去があったらしくて、その際は相当思い詰めたらしいんですよね。

ただ、そこで僕は少し答えに窮しちゃったんです。逢田ちゃんは僕がすごくタフな男みたいに考えているようだけど、実際はビビリのチキン野郎。臆病者だし、ガラスのメンタルなんです。

じゃあなぜ飄々《ひょうひょう》としていられるかというと、それはメンタル的なディフェンス術を身につけているから。ボクシングでいうとスウェーやダッキングでかわしている状態で、まともに攻撃を食らっていないんです。

僕はたまたま芸人で人前に出る立場だから、こんなに目も当てられない叩かれ方をしています。でも、現代社会に生きている人は多かれ少なかれ全員ストレスと向き合っているんじゃないでしょうか。

僕は自分の経験から心のダメージを減らす方法を身につけた。ここからそのやり方を順序だてて説明していきたいと思います。

他人の評価は秒で豹変するから まともに向き合うな

笑われるかもしれませんが、僕、自分のことは繊細な人間だと考えているんです。裏切られたりするたびにショックを受けてきたし、男なのにメソメソ泣いてきました。テレビ番組ですぐドッキリに引っかかるのも、要するに心がピュアだからだと思っています。

世の中には細かいことなんて一切気にしない精神的にマッチョな人たちもいますよね。でも、僕は「ガハハ！」って笑い飛ばすような豪傑野郎にはなれないんです。

例えばＬＩＮＥを送ったけど、相手から返信が来ない。

「もしかしたら病気？」「電車に乗り遅れた？」「それとも嫌われている？」

……ビビリだから、いろんなことを勝手に想像して心配してしまう。自分の文章で相手が気分を害さないか、何度も読み返したりしますしね。

常に一番ひどい状況のことを想定するので、本当に最悪な事態には陥らないという言い方もできます。臆病な自分が嫌いな時期もあったけど、ガラスのメンタルだったからこそ、なんとか今まで生き残ってこれたという面も確実にあるでしょう。

メンタル防御術を身につけるうえで最初に覚えておいてほしいのは、「人の評価はすぐに覆《くつがえ》る」ということ。これが鉄則。人前に立つ仕事をしている以上、僕もそれは常に頭に叩き込んでいます。

ファンがアンチに豹変することもあれば、アンチが急に「クロちゃんの言うことにも一理ある」と見直すこともある。

僕が新型コロナにかかったときなんて、モロにそうでした。それまで矢のような勢いで「死ね！」と言われてきたのに、「おいおい、大丈夫かよ」「クロちゃんのアホなツイートが読めないと、それはそれで寂しいな」「早く万全の体調に戻して、憎まれ口を叩いてくれ」といった応援メッセージで溢れるようになりましたから。普段との差があまりにも激しくて、さすがの僕もギョッとしましたけどね。

そこには愛憎入り混じる感情があると思うんです。でも人間、それが当たり前なんですよ。ここまであっさり世の中のリアクションは豹変するのに、いちいち一喜一憂していたら、自分を見失ってしまう。

ひょっとしたら、あなたのことを嫌いな人がいるかもしれない。だけど、「だからどうした？」という気持ちでいることが大事。そんなところでウジウジ悩むのは、貴重な時間を浪費するということです。


今はSNSの普及などで、誰でも発信ができる時代じゃないですか。配信をしている一般の子でも「気づいたら千人同時に視聴されている」なんてことは当たり前になっています。千人もいれば1人くらい「ブスだ」とか「キモい」など心ないことを言う奴が現れるかもしれない。

アンチが1人いたところで999人が味方だったらどうでもいいはずなんだけど、やっぱり叩かれ慣れていない人だと取り乱してしまう。「気にするな」と言われたところで、やっぱりネガティブな意見ばかりが頭に残っちゃうのもわかります。

これは別に芸能人や配信者に限った話じゃなく、普通の会社員や学生でも上司や先輩や先生から怒られることはありますよね。そのとき、自分に向かってくる批判の声を真正面から受け止めるから病んでしまう。

だから、そんな声は軽く受け流せばいいんです。もしくは逆転の発想で相手を心の中でバカにする。「この人は説明スキルがないから、こうして怒鳴り散らすしかないんだな。上に立つ器じゃない。憐れな奴だ」って。自分よりも人間性能が低いという認識に切り替え、見下してやるんです。そうしたら腹も立たないでしょ？

ネットに沸くアンチにしても似たようなもので、「ディスるにしたってボキャブラリーが貧困すぎる」「いい年してかまってちゃんなんだろうな」とか上から目線で傍観しているうちに、「自分がムキになって、このレベルの人たちと言い争うようになったらおしまいだ」って気づくんですよ。この発想を常に持ってもらいたいんです。

これがメンタル防御の基本編。おそらく似たような話はどこかで聞いたことがあるかもしれませんね。次からは、さらに踏み込んだ話をしていきたいと思います。

嫌な意見にも一応耳を貸してやる度量としたたかさ

嫌な意見をまともに正面から受け止めていたら神経が参ってしまう。だから「柳に風」のスルースキルを身につける。この考えは現代社会を生きるうえで非常に大事になってきます。

しかし、だからといって世の中の声を完全に無視する〝唯我独尊《ゆいがどくそん》スタイル〟はあまり望ましくない。それだと裸の王様になっちゃいますから。実際、僕は自分の名前でエゴサーチするのが大好きです。

ときにはバッシングが自分を成長させてくれることもある。アンチの言うことは9割9分が的外れだとしても、芯を食っているような意見もごく稀《まれ》にですが存在するんですね。それって自分にとっても成長の糧になるんです。

だから僕は自分に対して否定的な意見も、一応は目を通すことにしています。基本、他人からの批判なんて気にしない。でも、一応は耳を傾ける。そのバランス感覚が大事なんです。

では、どんな意見なら真摯に受け止めて、どんな意見を切り捨てるべきなのか？その判断基準が実は難しい。ここからは僕が実際に経験した事例をピックアップしながら解説していきたいと思います。

アンチとの攻防を振り返ったとき、自分の中でターニングポイントとなった一件があるんです。それを僕は「ヤクルト事件」と呼んでいます。

ある日、お風呂の中でヤクルトを飲もうとしたら、容器が浴槽の中に落ちてしまったんですね。その様子が可愛かったから、なんとなく写真を撮ってツイッターに上げたら、ものすごい勢いで炎上しましてね。「食品を粗末にするな！」って叩かれまくった。

弁解をすると、そのヤクルトは蓋が開いていなかったし、決して食品ロスになっているわけではないんです。だけど叩いてくる人からすると、写真を撮るためにわざわざヤクルトを落としているように見えたのでしょう。実際はそんなことないんだけど、そう誤解された時点で僕にも落ち度があるってことじゃないですか。飲食関係者が見たら気を悪くするかもしれないですし。

これはたしかに僕も反省したほうがいいなと思い、以降、食べ物について発信するときはことさら注意を払うようになりました。間違いなく、炎上したことで勉強になった一件です。

また、これもツイッターでの出来事なんですけど、公園の写真をアップしたことがあるんです。そのときは公園の中に大きな鉄球があったから、「あさま山荘事件みたい」とか書いたんですよね。

そうしたら「いやいや、それはダメだろ。死んだ人もいる事件なんだから」という反応が寄せられまして。言われてみたら、その通りだったと思う。遺族の方だっているわけですし。これも大いに反省しました。デリカシーがなさすぎましたね。

現在は「10年前だったら問題にならなかったかもしれないな」という発言でも簡単に炎上する時代。しっかり感覚をアップデートして、発言は慎重になりすぎるくらい慎重になったほうがいいと学びました。

これは著名人じゃなくても同じです。誰もが社会とコミットしないといけないわけじゃないですか。だから、SNSなどでなにかを発信するときは、これまで以上に神経質になって日本語を使う必要がある。

この表現はアウトなのか、セーフなのか？　そのジャッジは自分だけではできないこともあるので、なおさら文句を言ってくる人の意見にも一応耳を傾けるべきなんですよね。

バッシングも自分のプラス要素にしていくというか、ちゃっかり養分にしていく。そのしたたかさが求められるんです。アンチの声を無条件に切り捨てていると、その結果、自分が損することになりかねないですからね。

ムカつくからといってすべての反対意見を遮断していたら、人間的成長は望めません。嫌な意見にも一応耳を貸してやる度量が必要というわけです。

テレビやラジオに出ていると、発言の一部を切り取られて炎上したりして、「これって一種の言葉狩りじゃないか？」と思うこともありますけどね。だけど、時代は確実に変わっているんです。

耳を貸すべきバッシングと、無視すべきバッシングの見分け方

アンチからのバッシングで目が覚めた「ヤクルト事件」の一部始終を前述しましたが、一方で僕には「新幹線事件」というものもあります。

これは僕が新幹線で座席を倒して寝ている写真をアップしたら、「後ろの人が迷惑だ！」「マナー違反！」と大炎上した一件。「お前は新幹線に乗る資格はない！」とまで言われました。「そう批判するお前は、俺を乗車拒否させる資格を持っているのか？」って逆に問い質してやりたかったですけど。

この件は、まったく納得がいかなかったんです。そもそも後ろの座席には人が座っていなかった。誰にも迷惑はかけていないうえに、ルール的にも違反していない。

だから謝罪なんて一切する気もなかった。完全に無反省。今でもなぜ叩かれたのか

納得がいっていないですね。

普段、ＳＮＳをエゴサーチしながら僕が考えているのは「これは新幹線なのか？ヤクルトなのか？」ということ。その選択が大事になってくる。「新幹線」のバッシングのときのように、スルースキル全開で相手を見下すのが正解なのか？「ヤクルト」のバッシングのように、厳しい声を素直に受け止めて学びに変えていくのか？「今回のバッシングはどちらのパターンの罵詈雑言なんだろう……？」と。

耳が痛いことを言われても、馬耳東風《ばじとうふう》で聞き流す――。たしかにこれは精神衛生上はダメージも少ないんですけど、同時に偏屈になって孤立化する恐れもあるんです。だから、人の意見に耳を傾けること自体は大事。

僕の中でひとつ判断基準としてあるのは、「他人に迷惑をかけていないか？」という点。「ヤクルト事件」のように不快な思いをする人が存在する場合と、「新幹線事件」のようにルール違反をしていないのに言いがかりをつけられたケース。２つの出来事は同じバッシングでも、まったく意味が違う。こういう投稿をしたら他人がどう感じるか？　どんな影響があるのか？　想像力が大事なんです。

この本を読んでいる人で「私はSNSをまったくやらない」という方もいるかもしれませんね。でも、だからといって「自分は無関係」ということにはなりません。

もしあなたがスマホにまったく触れていなくても、あなた以外のほとんどの方はネットと接続している状態。あなたの行動を誰かにつぶやかれて炎上する恐れだって常にあるんです。

ネット社会は監視社会。ストレスと常に背中合わせです。厄介な話ではありますが、時代が変わりつつある以上、ある程度は覚悟するしかないでしょうね。


おかげさまで僕のツイッターは、フォロワーが76万人にまで増えました。

よく言われるのは、「クロちゃんのツイッターって、発言内容そのものよりも、それに対するみんなのリアクションが面白いよね」ということ。共演した人から「ツイッター、楽しみに見てますよ」とか言われるとうれしくなるんだけど、よくよく話を聞いてみると「アンチのやりとりが大喜利みたいで最高」とか言われて……。

僕としては「なんだよ、それ」ってガッカリするけど、まぁ言ってることはわかるんです。つまり、はからずも炎上自体がエンターテインメントになっているわけで。そうなると、これはこれで叩かれていることにも意味があるのかなって前向きに考えることができるんですね。

アンチコメントの中には、自分に対する悪口とはいえ、「うまいこと言うな〜。一本取られたわ」っておもわず笑っちゃう投稿も多いです。この前もストライプ柄の洋服を着ていたら、「TENGAが擬人化したようだ」とか書かれていました。そういうのを見ると「敵ながらあっぱれ」という気持ちになってしまう。

だからこそ、僕はSNSが好きなんです。アンチを心からは憎めない。「これだけ叩かれているんだから、ツイッターなんてやめちゃえば?」という声もあるんですけど、そういう話ではないんですよね。

バカを相手にするほどコスパが悪いことはない……すぐ使える「上から目線」術

「クロちゃんって常に上から目線だよね」と指摘されることがよくあります。「なんでそんな偉そうにしているの？」「自分は悪くないっていう一貫した態度はなに？」と呆れられることも多いです。

でも、これには理由がありまして。「相手の意見を真摯に聞く」というのは誠実な行為かもしれないけど、自分の精神面が弱っているときにキツい意見をもらうと、立ち直れないくらい傷ついたりもするんです。なにしろ僕はガラスのメンタルですから。

そういうときは、強引に自分の考え方を変えるしかない。相手は自分よりも劣る人間なんだと思い込むようにするんです。精神的に相手の上に立つと、心に余裕が生まれますからね。

もちろん安田大サーカスの団長に対しても同じです。団長は僕にとって上司だし、恩人にもあたるんだけど、そんなことは関係ない。

団長に怒られているときは「同じことを何度も言いやがって」「大体、要点がまとまっていないんだよな」「大丈夫かよ、この人？　ボケが始まってるんじゃないの？」といった感じで冷ややかに眺めています。

その際に忘れてはいけないのは、怒られたときはシュンと反省する振りをすること。全力でポーズを取るのは大人としてのエチケットです。でも腹の中では「話が長いな、こいつ。面白くもないくせに」とバカにしても全然ＯＫ。

ＳＮＳ上で、僕はアンチに対してなにも反論せずに「勇者は語らず」のポーズを取っていますけど、実は心の中では全部に反論して完全論破しています。

また、ＳＮＳのバッシングについて「ヤクルト事件」か「新幹線事件」かを見極めていると前述したように、ただの誹謗中傷……例えば毎日「死ね」などと物騒な言葉で攻撃して絡んでくるアンチのことは、論破するどころか、完全に見下しています。「死ね！」とか「お前なんて生きている価値がない」と僕に向かって言ってくる人がいるとして、僕が本当に生きている価値がない人間だとしたら、そんな奴に対して貴重な自分の時間を費やしてネットで攻撃しているお前自身の生きる価値はどこにあるのか？　そういう話になるじゃないですか。

文句を言ってくるネットのアンチは、先に手の内を見せているということですから、こっちとしては、冷静に心の中でカウンターを狙えばいいだけなんです。ヒクソン・グレイシーじゃないけど、僕の中ではアンチに４００戦無敗。

逆にホリエモン（堀江貴文）とかひろゆきさんみたいに、クソリプに対して表立って論破しようとする人は、僕からするとちょっと信じられないですね。「疲れないのかな？」って単純に不思議です。

実際の話、世の中には怒りたいだけの人もいるわけですよ。怒ることで自分が気持ちよくなっているだけで。

だけど、時は金なり、タイム・イズ・マネーだというのに、目の前の低能な奴を相手にしているのは時間がもったいないじゃないですか。とにかく1秒でも早くその場をやり過ごしたいから、「ええ、ごもっともですね」といった調子で殊勝に振る舞う。バカを相手にするほどコスパが悪いことはないですよ。聞きわけがいい雰囲気を前面に打ち出しつつ、心の中で舌を出せばいいんです。

これが僕なりの処世術。人間関係で悩んでいる人は、とにかくまず「常に上から目線」精神を身につけてほしいんです。

現代社会をサバイブするためには、徹底的にナメ腐るくらいの勢いが大事です。

ビビリはどうやって克服する？ 開き直りと責任転嫁のすすめ

会議でプレゼンするとき、声が震えてしまう。

2アウト満塁などの注目される場面で打順が回ってくると、闘志が沸くどころか逃げ出したくなる。

断られることを想像するだけで動悸が激しくなるので、好きな人に告白なんてできるわけがない。

大一番でビビらないことは、生きるうえで非常に大切なポイントになります。オリンピック選手と同じで、最高のパフォーマンスを引き出すためには、まずメンタルを安定させないとダメ。気負いすぎると、本来は勝てる勝負でも勝てなくなります。

だけど緊張するタイプの人は「リラックスしなきゃ」と思っても、なかなかそれができない。場の空気に呑まれて、委縮しちゃう。

緊張しないようにする。リラックスする。自分の弱い心を克服する……。これは簡単なようでいて、年中テレビに出ているようなタレントでも実は難しいことなんです。例えば芸人だと、『M－1グランプリ』など賞レースのプレッシャーたるや尋常じゃないですから。実は僕なんかも結構あがり症ではあるんですよ。決して本番に強いタイプとは言えない。

そんな僕が緊張する場面で心掛けているのは「死」を意識すること。例えば大きな舞台の前だったら、「死ぬか？　ステージに上がるか？」という二者択一を自分自身に迫るんです。

いきなり死だなんて大仰《おおぎょう》に感じるかもしれませんが、これには理由がありまして……。以前、番組の企画でニュージーランドでバンジージャンプをするという撮影があったんです。

もともと僕は高所恐怖症だし、当然バンジーなんてやったこともない。それでもジャンプ台のところに登ってみると、高さ134メートルほどで視界の下に雲が見えるんです。もう異次元ですよ。今まで味わったことがない恐怖！

こうして僕が震え上がっている間も、スタッフからは厳しい指示が飛んでくる。

「下のほうでセットしているカメラのテープが残り5分くらいしかない！　クロちゃんには速攻で飛んでもらって！」

海外ロケまでしておきながら「やっぱり飛べませんでした」なんておめおめ帰ることは到底許されない空気が漂っていました。

「死ぬか？　それとも飛ぶか？」

僕の頭に浮かんだのは、この二択でした。もしここで飛ばなかったら、芸人としての僕は死んだも同然。スタッフからの信用はゼロになり、仕事をすべて失うはずです。バンジーができなかったら、強制的に廃業するしかないんです。

ここから飛び降りるのは嫌で嫌で仕方ないけど、死ぬよりはマシ――。そう思えた瞬間、僕の足は空を舞っていました。

この恐怖心に打ち勝ったことで、僕は精神的に少し強くなれた気がします。

「死ぬか？　謝るか？」「死ぬか？　前に出てコメントするか？」「死ぬか？　嫌な相手だけど電話を折り返すか？」……躊躇するような怖いことが目の前にあっても、「死ぬよりはマシ」と自分に言い聞かせながら「えいや！」と前に出ることができる。

あとは、どんな大打者でも3割打てれば御の字。つまり10回に7回は失敗するわけじゃないですか。失敗しても責められる言われはないし、なんなら自分の打順で代打を出さなかった監督の責任。そう考えれば、だいぶリラックスできるはずですよね。

「ダメで当たり前なんだから、せめておもいっきりバットを振るか」という気持ちで打席に立つ。その開き直りが大事なんです。

世の中には勇敢で物怖じしないように見える人ってたしかにいるけど、それでもビビリな部分はやっぱり持っているんじゃないかな。

「緊張しぃ」というのは決して悪いことではない。でも緊張のあまりビクビク委縮するようでは、本来の力を発揮できないからもったいない。そこは自分でメンタルをコントロールしていくしかないんですよね。発想を転換させて、恐怖心に打ち勝つしかないんです。

「どうせダメでもともとだ」という開き直りの気持ちを持つことがひとつ。「悪いのは自分じゃない」と他人のせいにするのがひとつ。そしてなによりも大事なのは事前に可能な限りシミュレーションすること。こう見えて僕は番組に出演する前に台本を繰り返し読み込むタイプで、共演相手のことも可能な限り予習していますから。

練習でやったことないことは、本番でできるわけないですからね。「こう来たら、こう返す」という想定問答を、例えば寝る前のふとんの中で繰り返すんです。

これは僕に限った話じゃないですよ。仕事のプレゼンや会議でも大事だし、恋愛の駆け引きでも必須のテクニック。僕は決して天才じゃないですから。凡人だからこそ、事前のシミュレーションはどんなことにおいても絶対必要だと思っています。

10年ぶりに恋人ができた！「モンスターラブ」の全舞台裏

なんと！　10年ぶりに恋人ができました！

その一部始終は『水曜日のダウンタウン』内の「モンスターラブ」で公開されましたが、オンエア直後からすさまじい反響が寄せられました。中には「本当につき合っているの？　翌週の放送で『やっぱりドッキリでした』ってどんでん返しすることはない？」と疑心暗鬼に陥っている人もいました。この際だからはっきりさせておきますが、リチとの交際は極めて順調ですよ。近いうち、改めて相手の親御さんに挨拶に行かなきゃなと考えているところです。

知り合いとか芸人仲間からよく指摘されるのは「あんなにキスする必要はあった？」という点。でも、実際はあんなものじゃなかったんですよ。もっとガンガンとキスしまくっていましたから。番組スタッフはキスシーンを強調したわけではなくて、むしろ編集段階で相当カットして淡泊にしているんです。

すごく鮮明に覚えている場面があって、僕があまりにもキスしすぎたものだから、リチが全身をのけぞらせていたんですよ。その姿を見て「イナバウアーみたいだな」ってぼんやり思ったんですよね。あの場面は一生忘れないだろうなぁ。

SNSに寄せられた反応としては「感動した」「勇気をもらった」という声がある一方で、「俺はクロちゃん以下か」と落ち込んでいる人も目につきました。どれだけ僕は下に見られていたんだってビックリしましたけどね。「少なくとも自分はクロちゃんよりはマシ」と考えている人が、こんなにも大勢いるのかって。

だから僕はツイッターで書いたんですよ。「以下だと含まれるから、未満だしんよー!!」って。だって、僕は彼女がいるわけじゃないですか。でも、彼らには恋人がいない。立場が明確に違うんだから、同列に語ってほしくはないんです。

あのときは単にムカついたから憎まれ口を叩いたのではなくて、どこかで彼らもまだカッコつけているんじゃないかと思ったんです。ニヤニヤ目線で評論家面している余裕が本当にあるのかと僕は問いたかった。奮起を促す意味で、僕なりに発破をかけたつもりだったんですよね。

「お前らも変わらなきゃダメなんだ。真っ裸になってみろよ」

僕が言いたかったのは、まさにそこなんです。当事者意識を持ってほしい。泥臭くてもいいから、本音で自分を出し切ることが恋愛では一番求められるんです。

実際、「モンスターラブ」での僕は不格好だったと思う。オンエアを観て、自分でも「こんなこと言っていたんだ」と驚きましたから。でも、最後に残っていた言葉は気の利いた言い回しや歯の浮くようなセリフじゃなく、痛烈な魂の叫びだったんです。

企画が始まって、最初は僕も『バチェラー』みたいだなと思って有頂天でしたよ。でも途中で参加者の女の子たちの中に、僕のことが好きではない「ニセモノ」がいることが発覚。本当に僕のことを好きな子を落としてショックも受けた。さらに、参加者の中からアイドルグループを結成するという急転直下の事態にも動揺。状況がグチャグチャになるにつれ、なにをどう見ればいいのかわからなくなっていきました。

「自分が相手を好きなことは真実。それだけは正しいと思っていた」

最後に僕はそう言いました。偽らざる本音です。自分に酔っている場合じゃなかった。取り繕《つくろ》っている暇もない。46年目にして、ようやく自分に向き合えたんです。

誠実さとは、ありのままの自分を見せること。ええかっこしいでスカした態度を取ったところで、どうせつき合ったら本性を出さざるをえないんです。ましてや結婚して同じ家庭を持つとなったら、表も裏も全部バレるわけじゃないですか。

あなたも恋人がほしいと思いますか？　ボーッと待っているだけでルックスも性格も申し分のない恋人が現れてくれるなら、別にそれでもいいですよ。でも現実がそうじゃないのだったら、自分から能動的に動かないとダメです。死ぬときに「やり残したな……」って後悔したくないじゃないですか。自分の人生を幸せに変えるのは、他の誰でもなく自分自身なんです。一歩踏み出す勇気を忘れないでほしい。

「俺でもできたんだ。君たちだって絶対にできる」

声を大にして、そう言いたいですね。

なんでモテないの⁉
僕が、恋愛に破れ続けた理由

リチとつき合えるようになったのは『水曜日のダウンタウン』という番組のおかげ――。最初は僕もそう考えていたけど、冷静に振り返ってみると、ひとえに自分の実力と努力の賜物でしたね。

というのは半分冗談ですが、実はこの本の制作は「モンスターラブ」の収録と同時期に行っていたんです。この本の取材を通じて、自分に恋愛スキルがないということを強く認識したんですよ。だからこそ、「今までのままでは失敗する」と、「モンスターラブ」では戦術を組み立て直しました。負け戦から学び、勝利を収めたということなんです。

はっきり言って、僕は恋愛弱者です。まず、よくダメ出しされるのが誰にでも「君が一番だよ」と伝えること。こうした場面は「モンスターラブ」や「モンスターハウス」でも頻出しましたが、同様のことはキャバクラでも言っていますね。そして結果的には「みんなに調子のいいこと言いやがって！」とバレて、破綻するケースが多い。

でも、これには理由があるんです。ひとつはバレないだろうという僕なりの皮算用。キャバクラなら「別のお店の子なら同じことを言っても大丈夫」と高をくくっていたものの、意外に彼女たちは横のネットワークが強くて、「うちでも同じことを言っていた」みたいな話が広がる悲劇がよく起こります。

一方、『水曜日のダウンタウン』の恋愛企画絡みだと「競争している女の子同士だから、さすがに情報交換はしないだろう」と睨んでいたものの、実際は筒抜けになっていたというパターンが多い。結局、見通しが甘いんでしょうね。

例えば僕の中で「1位：Aちゃん」「2位：Bちゃん」「3位：Cちゃん」というランキングがあるとします。そのときAちゃんに「君が一番だよ」と伝えるのはいいとして、BちゃんやCちゃんに「2位だよ」とか「3位だよ」とかバカ正直に伝えるのもどうかと思うんです。そこで場の空気が気まずくなるくらいなら、優しい嘘をついて丸く収めるのが大人の対応じゃないですか。

でもヒートアップしている女の子たちには、僕の細やかな気配りが理解できないんでしょうね。「なんで騙すのよ！　最低！」と取り付く島もない。

あと、僕って恋愛モードになると〝実験精神〟を発揮してしまうんですよ。相手がどんな反応をするのか、いちいち観察したくなる。

例えば好きな子が家に来るときは、わざとエッチな本を机の上に置いてリアクションを伺う。ひょっとしたら「そんな本を読むくらいなら、もっと私のほうを見て」と誘惑されるかもしれないですしね。その際は「セクシー女優中心の雑誌」「グラビアアイドルの写真集」「エロゲー情報誌」と3種類くらい用意することが多いかな。

『水曜日のダウンタウン』の「モンスターラブ」や「モンスターアイドル」では、わざとランキング順位を激しく上下動させたりして相手を動揺させるという駆け引きも多用しています。あの実験も大好きなんですよ。番組だけじゃなく、プライベートの恋愛でも相手を揺さぶるのは常套手段です。

この実験精神はやめられない癖みたいなものなんですが、女の子からの心証はめちゃくちゃ悪い。僕の恋が成就しなかった大きな理由だと反省しています。

それから飽きっぽいというのも僕の弱点だと思います。相手を好きになったばかりの頃はいいんです。でも実際につき合うという話になるくらいからテンションが徐々に下がっていき、完全に自分のものになると飽きちゃうんですよね。株式比率が51％を超えて自分の会社になった瞬間、興味がなくなっちゃう。

でも、これは多くの男性に共通する傾向じゃないかな。僕なりに飽きないように工夫もしていて、例えばバレないように自分で調合したフレグランスを相手の洋服にかけたこともあります。そのときは彼女からいつもと違う匂いがすれば、新鮮な気分が味わえると考えたんですよ。ちなみにこの作戦は相手にすぐバレて、ものすごく不審がられました。薄気味悪いとまで言われましたから。

こうしたトリッキーなアプローチに頼ってしまうのは、結局、恋愛に関して自分に自信がないからでしょう。自信がないからこそ、相手の愛を試すように実験精神を発揮してしまう。悪循環ですよね。

こんなゴツい身体をしているのに声は女の子みたいだから、どうしたって変だと笑われる。芸人ってモテる人は本当にモテますけど、僕はまったくその輪に入れない。かれこれ15年くらい前かな。僕、写真週刊誌に載ったことがあるんです。「クロちゃん、お持ち帰り失敗」とかいうアホなタイトルで、一方的に隠し撮りされたうえ、ご丁寧にも僕の写真には「トホホ」とかキャプションまでつけられていて……。

僕、日常生活で「トホホ」なんて口にしたことないですよ！　勝手に僕がしゃべったていにされていることが無性に腹立ちましたね。モテないというだけで、こんなに惨めな思いをしなくちゃいけないのかって……。

やっぱり僕は圧倒的に恋愛が下手なんですよ。自分でも普通にしていたらモテないことはわかっているからこそ、必死でアロマの資格を取ったり、ジムで筋トレしたりと、〝プラスアルファ〟の魅力を手に入れようとしているんです。

まずは自分が「恋愛は下手だ」と自覚することが第一歩かもしれませんね。

悲劇のヒロイン症候群……
僕なりの恋のダメージから回復する方法

思えば、フラれてばかりいた人生でした。そのたびに僕は立ち直れないほど落ち込んできました。

おそらくみなさんも失恋の苦しみは経験したことがあるはずです。どうしても終わった恋のことばかり頭の中でグルグルと回ってしまう。食事も喉を通らない。なにも手につかない。他のことを考えることすらできない。こうなった場合、どうやって精神を立て直すべきなのでしょうか?

リカバリー方法はダメージの大きさにもよるんです。できることだったら、つらい気持ちを強引にごまかすというやり方が望ましい。

異性のことで苦しんでいるからこそ、あえて別の異性に連絡を取ってみるのはよく使う手法。男性だったら、キャバクラや風俗に行くというのもアリじゃないでしょうか。

人によっては、パチンコとかゲームに没頭することで忘れようとするでしょう。目の前の気分をごまかせるんだったら、方法はなんだっていいと思います。

でも、これはダメージが軽い場合のみ有効なやり方なんですよね。それで済んだら話は早いけど、現在、失恋のどん底にいる人からは「とてもじゃないけど、キャバクラなんて行く気になれない」と反論されるでしょうし。

失恋なんて二日酔いと一緒ですよ。苦しむ時間は少なければ少ないほうがいい。二日酔いのときは水をガブ飲みしたり汗を出すなりすることが多いですが、失恋の場合は異性と仲よくすることが結局は一番の特効薬だと僕は思うんですね。

でもその特効薬を飲む気力もないときもたしかにあって、その場合はとりあえず泣くだけ泣く。そして涙が枯れた頃、再び特効薬を飲むことにするんです。涙が枯れるまで泣くことの効能はについては、次の項で詳しく掘り下げようと思います。

また、こんな偉そうに恋愛を論じているけど、僕自身、失恋は決して他人事じゃありません。相手の子にフラれて、死にたくなるほど落ちこんで、なにも手がつかず、みぞおちのあたりが痛くなるような重い気分を抱えたまま、夢遊病者のように街をさまよう……そんな恋愛も過去にはしてきました。槇原敬之さんじゃないですけど、「もう恋なんてしない」と考えたことも一度や二度じゃないですから。

一番つらかったのは、最後、なんとなく連絡が取れなくなって自然消滅した恋です。しっかりした形で別れたわけじゃないから、「またやり直せるんじゃないか？」みたいな未練がすごく残って苦しかったですね。

僕の場合、悲劇のヒロイン症候群を抱えているものだから、まず最初は自分に酔うわけですよ。「別れたのにまだ好きでいる俺……なんて健気で繊細な男なんだろう」って。そして泣きじゃくりながら、目的地も定めず自転車をずっと漕いでいました。

そのとき歌っていた曲も覚えています。ちょっとマイナーなんだけど『ヤマトタケル』というアニメがあって、そのエンディング『Twilight Songs』（濱崎直子）という曲をエンドレスで口ずさんでいたんです。特に〈帰っておいで 迷わぬように 独りきりで泣かないで〉っていうところの歌詞がグッとくるんですよね。

細かく説明すると『ヤマトタケル』のエンディング曲って歌詞にふるさとのことが出てくるんです。そのエンディング曲を歌っているときの僕は、失恋の悲しみに打ちひしがれながらも、故郷・広島のことも同時に思い出しているわけですね。つまり望郷の念と併せて、二重の意味で泣けてくるんですよ。

だから泣いて感傷に浸りたいとき、僕のテーマソングは『ヤマトタケル』なんです。

涙が枯れるまで泣く……その驚くべき効能とは？

まず、くれぐれも注意してほしいのは、恋に破れた直後のヨレヨレした精神状態では正常な判断が下せなくなっているということ。それって非常に危険なんです。そのまま目の前に怪しい壺を出されたら、躊躇することなく買ってしまうかもしれない。

これは恋愛に限らず、大きなミスをやらかしたときに注意しなくちゃいけないポイントではあるんです。投資やギャンブルで失敗したあと、正常な判断ができなくなって、さらなる深みにハマって損失額が巨大化していく……そんなケースは非常に多いですから。まずは冷静に頭を冷やすことが先決。

立ち直れないほどダメージを負った場合は、とりあえず泣くだけ泣く。失恋して立ち直れないときだけじゃなく、仕事や人間関係の失敗で突き落とされたときも泣きじゃくるのは悪くない手だと思います。

僕は男にしてはかなりの泣き虫なんですけど、泣くと強くなれる気がするんです。泣いたあとで前向きになれる。なんというか、泣ける自分がうれしくなるんですよね。思えば今まで海千山千の芸能界で揉まれてきて、すれっからしの人間になってしまったんじゃないかと不安になることもあるけど、涙が出るってことはピュアな気持ちをまだ持っているということじゃないですか。

それから「悔しい」「こんなはずじゃなかったのに……」という気持ちが、実は涙の中には含まれているわけですよ。それって自分に本当に絶望していたら出ない感情ですからね。まだ自分が自分に期待しているんです。今は打ちひしがれているかもしれないけど、向上心はあるということ。

だから泣けるって幸せなんですよ。人間らしい感情を持っているということでもありますし。「そんなこと言われたって、私は泣くのがどうしても苦手」というなら、泣く練習をしてみてもいいかもしれない。

女優と一緒ですよね。泣くためには、自分の気分を悲しい方向に強制シフトチェンジするんです。飼ってた犬が死んだことを思い出してもいい。自分の大切な人が死んだことを想像してもいい。あるいは泣ける映画を観るのもお薦めです。僕なんかは不治の病とか記憶喪失系の作品は無条件で泣けてきますね。

それから僕がよくやるのは、心に浮かんだことをナレーションみたいに口にすること。例えばフラれたときだったら、「あれだけ頑張ったのに、なぜ僕の気持ちは伝わらなかった？」「いや、伝わったからこそダメだったのか？」とかブツブツ部屋の中でつぶやく。そうすると悲劇の主人公になった自分を客観的に見ることができて、さらに泣けるんですよ。

悲しい曲を聴いて浸るという人は多いでしょうけど、その曲を自分で歌うとさらに泣けます。ちなみに僕の中では『アンバランスなKissをして』（高橋ひろ）が定番。『幽☆遊☆白書』暗黒武術会編のエンディングテーマですね。「アニメの曲なんて本当に泣けるの？」と思う人もいるかもしれませんが、騙されたと思って聴いてみてください。ボロボロ涙がこぼれるはずです！

メンタルが追い詰められたらこう回避しろ！

クロちゃん流「他罰的思考」トレーニング

自分のメンタルを守るためには、自分をクソ真面目に追い詰めすぎないほうがいいのですが、これがなかなか難しい。真面目な人が急に「不真面目になれ」って言われても困惑するでしょうから。

悪いのは自分じゃない。周りの環境に恵まれていないだけ——。

ズバリ言うと、ポイントはここです。この「他罰的」な思考を繰り返しシミュレートしながら身につけていく。毎日の生活の中で習慣化させていくしかないんです。

ここからは具体的なケースを想定し、追い詰められたときのクロちゃん流「他罰的思考法」を練習していきます。自分だったら、どう考えるか？　実際に頭で思い浮かべながら、読み進めてください。

ケース1 **受験で志望校に落ちてしまい、立ち直れません。あんなに勉強したのになにが悪かったのでしょうか？**

クロちゃん流「他罰的思考」→親がもっといい塾に通わせてくれていたら、絶対に受かっていたはず。私は悪くない。冷静に振り返ってみると、自分の行っていた塾は先生も二流だった。そんなことを見抜けなかった親にも大きな責任はある。

ケース2 **部活の大会でのこと。私のミスでチームが負けてしまいました。仲間にも申し訳なさすぎるし、今後はどうすればいいのでしょうか？**

クロちゃん流「他罰的思考」→「ワン・フォー・オール、オール・フォー・ワン」というのがチームスポーツの基本。連帯責任という言葉を決して忘れてはいけない。私がミスしたということは、お前らがミスしたということと同じである。それなのに、なんで私だけが責められなくちゃいけないのか？　この神聖な競技を汚しているのはお前らのほうだから、むしろお前らが反省しろ！

ケース3

剣道で負けてしまって落ち込んでいます。完全な個人スポーツだし、怒りの矛先が自分しかありません。

クロちゃん流「他罰的思考」↓コーチの教え方が悪かったとしか言いようがない。俺という最高の逸材を扱っておきながら敗北させるなんて、指導者失格と責められて然るべき。普段から練習を見ていたんだから、俺の弱点もわかっていましたよね？　なんでそれをボケッと放置しておいたんですか？

ケース4

大事なコンペに敗れてしまいました。僕はプロジェクトリーダーなので責任を感じています。そもそもこの仕事、自分には向いていないのでしょうか？

クロちゃん流「他罰的思考」↓自分は0から1を生み出した。作業として一番大変で重要な部分を担当した。だけどサポート体制が脆弱なばかりに、その肉付けがまったくできていなかった。ある意味、最大の被害者は俺。本当は仲間全員を罵ってやりたいけど、自分は度量が大きいから許してやっているだけ。みんなはもっと俺のことをリスペクトしたほうがいい。

ケース5

自営で飲食店をやっているのですが、2年前から赤字に転落。正直、経営は青色吐息です。今後の生活のことを考えると、毎晩、眠ることもできないほど悩んでいます。

クロちゃん流「他罰的思考」→赤字になったのは看板娘の責任。あの子が看板として機能していないものだから、こっちがとばっちりを食らっている。俺が厨房に立って作った味はパーフェクトなのに、とんでもないところで足元をすくわれた。まったくもって勘弁してほしい。

それと同時に「客の舌が貧しい」という面もある。俺の高尚な味が理解できないなら、しょうがないからこっちから客に歩み寄るしかない。あいつらはどうせまともな味なんてわかりっこないんだから、今のトレンドでも適当に入れて、パクチーでもまぶしておくか。

※　※　※

クロちゃん流「他罰的思考」トレーニング、いかがだったでしょうか。無責任で自分の失敗と向き合っていないように思えるかもしれませんが、僕はそれで大いに結構だと思っています。

もちろん精神的に余裕があるときは、大いに反省すればいい。でも反省ばかりして精神崩壊しちゃったら、元も子もないですから。

日本人はもっと不真面目に生きたほうがいいと僕は真面目に思いますね。

第2章

コミュ障を克服するレッスン

人間関係構築方法

“仲間が多い＝偉い”の呪縛から逃れよ

生きていて悩むことのほとんどは、人間関係に由来すると思うんです。

恋人、家族、クラスメイト、部活の先輩、後輩、上司、部下、同僚、ライバル……本当に煩わしいですよね。逆に言うと、ここをクリアすれば生きることがだいぶ楽になるということでもあります。

僕の場合、人とのつき合い方は基本的に「疑い」から入る。つまり敵だと認識しているんですね。最初から相手のことは信用しない。なぜなら臆病で慎重派だから。こう見えて実は決して社交的な人間ではないんです。コロナ禍になる前からソーシャルディスタンスがデフォルトな人間でした。

だから友達も極端に少ないですよ。めちゃくちゃ人間関係が狭い。ツイッターの登場人物も5人くらいですから。後輩の菊地（優志／ワンワンニャンニャン）、サンミュージックのマネージャー・大関隆之さん、たかみな（高橋みなみ）、それにたかみなの旦那……半径2メートルくらいの世界で生きていると言っても過言じゃないくらいです。とても芸人とは思えないですよね。この業界、人脈がなによりも大事だと言われているのに。

今の時代ってLINEとかフェイスブックとかで「友達が少ないのは悪」みたいな風潮があるじゃないですか。それは僕、どうかと思うんです。むしろ少数精鋭のほうが濃い人間関係が築けるんじゃないかという気がする。

無理して仲間を増やす必要なんてないですよ。少なくても僕はその流れに踊らされたくありませんね。「友達100人できたかな」ってワクワクしている小学1年生じゃあるまいし。

例えば企業の社長さんがいて、僕にごはんをおごってくれるという話になるとします。でもその人の態度が横柄で、食事の時間も楽しく過ごせなかったら、「おごってもらえてラッキー！」とは思えないんですよ。無駄な時間を過ごしたなと後悔してしまう。

別れるときにその社長さんから「また遊びに行きましょうね」とか言われたら、「もちろんです〜♪　キュンからのバッキューン！」とかよろこんでクロちゃんを演じますけど、実際は二度と一緒に出かけることはないでしょうね。そんなくだらないことで時間やメンタルを削られたくない。損したくないんです。

その点、今の若い人って、ひと昔前の世代と違って会社の飲み会に参加しなくなっていると聞きます。僕はそれって素晴らしいことだと思う。「飲みニケーション」なんて昭和で死滅すべき文化ですから。

仲がいいわけでもない上司と、なにを好きこのんで仕事が終わった時間に酒を飲まなきゃいけないのか。もちろんその上司が自分にとってすごくプラスになることを教えてくれるなら、一緒にいる意義もあるとは思いますけどね。でも、会社の飲み会なんて生産性のない愚痴ばかりじゃないですか。愚の骨頂ですよ。

僕の場合、学生時代から友達の数は多くなかったです。クラスで「ウエ～イ！」とか盛り上がってるリア充軍団とはノリが合わなかった。こっちは鞄の中に『格闘技通信』と『週刊プロレス』と『週刊ゴング』だけ入れて、日向小次郎みたいにカッターシャツを肩までまくり上げて、トレパンは片方の足だけＥＥ ＪＵＭＰみたいに上げて……恰好からして変わり者だったから、向こうも相手にしていなかったのかもしれないけど。

彼らは多数派で主流派。仲よくなろうと思ったら、その流儀に従うしかないんです。でも、やっぱり僕にとっては自分のやりたいことを殺してまで周りに合わせるなんて拷問でしかなかった。だったら孤高を貫いたほうが僕は楽しいし、心地いい。

そうやってクラスの中でも独自のポジションをキープしていると、そのうち「あいつ変わっていて面白いね」とか興味を持って擦り寄ってくる奴も現れる。そうしたら、しめたものです。主導権を自分が握れますからね。

僕が「仲間なんて無理に増やそうとしなくてもいい」と言っているのはまさにそこで、土下座外交して相手の軍門に下ったところでなにも得しないんですよ。

少数精鋭でもいいから、自分らしくいられる空間を大事にしたほうがストレスは溜まらないはずです。

人との会話が苦手……コミュ障を克服するレッスン法

僕は友達なんて少数精鋭でいいと主張しましたが、この本を読んでいる人の中には「もっと知り合いを増やす方法はないか？」と考えている人もいるでしょう。本当に心を許せる仲間がいなくて、毎日、１人で孤独感を抱えている人もいるかもしれません。

どうしたら、交友関係を広げられるのか？　表層的なことを言うなら「地元のよさこいサークルに顔を出してみては？」とか「好きなプロ野球チームやサッカーの応援で一体感を味わう」とかあるはずですけど、本質はそこじゃない。もっと内面的な、いわば心構えの問題になってくる。

タクシーで運転手から話しかけられるのが苦手で、イヤホンをしてその場をやり過ごす。相手の目を見て会話することができない。どうしても声が小さくなり、必要以上にオドオドしてしまう……。

いわゆるコミュ障と呼ばれる人も、よく観察すると〝レベル〟があるんですよね。「もっと交友関係を広げたい」という声に対するアドバイスは、結局、その人がどの程度のコミュ障かによって変わってくるんです。

まずは基本編。人間関係を構築するレッスン1から始めると、きちんと挨拶をすること。これをまずは徹底させてほしいです。

こんなことは当たり前すぎて、わざわざ本に書くことじゃないと僕も思うんですけど、その当たり前なことが意外にできていない人が目立つ。できているつもりになっている人も、そこを洗い直してほしいんです。

例えば毎朝、会う人に必ず「おはよう」って言うことを自分へのノルマとして果たす。「おはよう」って言われて気分を害する人はいないでしょうし。

そしてお正月になったら、とりあえず「あけましておめでとうございます」って連絡する。僕なんて「あけましておめでとう」は誰にでも言っていいものという認識でいますから、無差別テロみたいにLINEを送りまくっています。去年は全然連絡を取っていなかったキャバクラ嬢とかを含めて、全部で2000人くらいに送ったかな。

それで向こうも「は？　こいつ、まったく連絡してこなったくせになんなの？」とは思わないでしょう。もし仮にそう考える人がいるとしたら、むしろそっちのほうが非常識。だってお正月に挨拶するのは正しい行為ですから。こっちに非はまったくないんです。

これくらいのレベルから最初はスタートしたほうがいいんですよ。とりあえず「おはよう」と「あけましておめでとう」を全方位的に言ってみましょう。「あけましておめでとう」メールだったら、返信が返ってこなくても傷つかないでしょ？　社交性を高める練習としては最適だと思います。

毎日の挨拶がクリアできたら、レッスン2以降は「会話のきっかけを作るため、わざと相手の前で消しゴムを落とす」「共通の話題を作るため、相手が興味あるジャンルを下調べする」「基本は相手に同意して、共感トークを盛り上げていく」とかが出てくるんですけど……。そういったことを初心者が一気に覚えようとしても、おそらくパンクするはず。

まずは、人の目を見ながらきちんと挨拶することで、周囲からの印象を変えるということが大事でしょうね。

自己肯定感が低いと、まわりから面倒臭がられる

僕の知り合いで、やたら謝る人がいるんです。なにも悪いことをしていないのに、「ごめんなさい、ごめんなさい」と言ってくる。

会話するときも、枕詞みたいに「すいませんけど〜」と切り出してくる。常にビクビクしている感じで。

それに対する周囲の印象は「謙虚だな」というふうにはならないんですよね。なんでそこまで卑屈になるのか意味がわからない。なにを言っても下から来られるから、「面倒くさい奴だな」ということになる。結果、なんとなく距離を取りたくなるんですよ。

大体、なんにでも「ごめんなさい」と言っていたら、言葉が安くなるじゃないです

か。「本当にこの人、申し訳なく思っているのかな?」って疑いの目で見ちゃいますよ。口癖で「ごめんさい」って言ってるだけだったら、その言葉に乗っている感情なんてゼロでしょう。「ナメてるのか?」って話になりますよね。

でも、そういうオドオドしたコミュ障の人に対して「自分で門を閉じているんだから自業自得」と切り捨てるのも僕はどうかと思うんです。だって本人は苦しそうにしていますから。きっと自分なりに悩んでいるはずなんです。

なぜその人は堂々とできないのか? それは自分に自信が持てないからという話になる。「じゃあ自分に自信を持て」って口で言うのは簡単ですよ。でも、自信を持つ方法がわからないからオドオドしているのでしょう。

今は「自己肯定感」が時代を象徴する単語になっているじゃないですか。メディアやSNSを見ていると、「自己肯定感」というフレーズをやたら見かけます。

つまり、それだけみんな悩んでいるんだと思う。なんでも謝ってしまうオドオドの子を笑えないというか、みんな多かれ少なかれ同じ要素を持っているんですよ。

こうやって偉そうにしている僕自身だってそう。もともと僕は会話が全然得意じゃないんです。場の空気を読むのが苦手ですから。聞かれたことに対してチンプンカンプンなことを答え、その場が微妙な空気になるなんていうことはしょっちゅうあります。根本的に人見知りですしね。

じゃあ僕の場合はどうやって克服したか？　その答えを次のページから解説していきたいと思います。

客として金を払い会話の主導権を握る キャバクラはコミュ力向上の名門校

自分に自信が持てるようにするためにはどうすればいいのか？　どうしたらスムーズな会話が身につくのか？

その答えは、ズバリ、キャバクラにあります。僕はキャバクラで会話のトレーニングをして、なんとか芸能界でもやっていけるようになりました。これは決して大袈裟な話ではありません。

なぜキャバクラでは堂々とできるのかというと、こっちがお金を払っているから。「お客様は神様」という表現がありますけど、すべての客商売は本当にその通り動いている。店に入った時点で、客側が女の子に対して精神的なマウントを取っている状態なんですよね。

逆に女の子側は「お仕事はなにをされているんですか？」「この前に別のお店に行かれたんですか？」「普段、どういったものを食べるんですか？」といった調子で当たり障りのない話を振ってくるけど、それは客側の機嫌を損なわないように気を遣っている状態。つまり会話の主導権は最初から最後まで客側にあるんですよ。

これはキャバクラだけじゃなくて、メイド喫茶やコンカフェでも同じ話。もちろんガールズバーやスナックでもＯＫです。

大事なのは「自分でお金を払って、会話の主導権を握る」という経験を積み重ねること。とりあえずここではメイド喫茶もコンカフェもガールズバーもスナックも一緒にして、「キャバクラ」ということで話を続けます。

とにかく「お金を払っているのは自分」ということを念頭に置いておけば、コミュニケーションを取る際の精神的障壁は低くなるはず。キャバクラでは、あなたが打ったボールを嬢たちが全力で拾いに行ってくれますからね。

だって仮に自分が黙っていて、相手も同じように黙っていたら、その時点で「仕事をしていない」という烙印をその子は押されるわけじゃないですか。そんなのプロ失格だし、いわば職場放棄ですよ。

キャバクラ嬢の任務はその場の会話を盛り上げて、客にドリンクを注文させて、指名やボトルを勝ち取ること。努力するのは自分じゃなく、あくまでも女の子側なんです。だからこそ精神的に余裕が生まれるし、コミュニケーション特訓の場としては申し分ないんですよね。

「ドリンク注文させていただいてもよろしいですか？」

「飲ませたらなにか面白いことしてくれるの？」

「う〜ん、それは今すぐは思いつかないけど……」

「思いつかない？　じゃあダメ〜！」

こんなくだらない会話をキャバクラで繰り返すことで、本当に僕は会話する術をイチから学びました。

間の取り方、雰囲気の和ませ方、咄嗟の受け答え、機転の利かせ方、相手との交渉術……。学校ですよね、キャバクラは。それも相当な名門校。

かつて北方謙三先生は「ソープに行け！」と繰り返していましたが、僕は「キャバクラに行け！」って声を大にして言いたいです。

コミュ障を治すためには自分をポジティブに洗脳していくしかない

キャバクラやメイド喫茶に通っていれば、誰でも会話はそこそこ上手にできるようになります。

でも、重要なのは口がペラペラとスムーズに回ることじゃない。自分に自信をつけるということなんです。

気後れせず堂々と会話できるようになったら、もう次のステップに進めるはず。キャバクラに行っても、まだ会話スキルがおぼつかない新人の子を指名する余裕すら出てくるでしょう。

でも女性がコミュ障を克服したい場合、キャバクラに行くのはハードルが高いですよね。かといってホストクラブはコミュ障の解消に向いていないと思うんです。というより、ホストに行ける時点でコミュ障じゃないとも言えます。

美容室なんかは長時間の会話を余儀なくされるからいいんじゃないかと僕は思っていたんだけど、あの洗練された都会的な雰囲気が苦手という女性は意外に多くて……。少なくてもタクシーでの会話が苦手な人は、かなりの確率で美容室は委縮するって言いますよね。

これは知り合いの受け売りなんですけど、そういう意味じゃネイルサロンがいいかもしれない。あれって2時間くらいマンツーマンで過ごすことになるし、目の前に鏡もないし、美容室に比べればリラックスできるらしいんですよ。

だけど行くときは、くれぐれも「お金を払っているのは私」という上から目線を忘れないこと。その精神でネイリストさんと会話してみてください。相手は商売ですから会話を広げてくれるでしょう。そこはキャバクラに行く僕と同じ気持ちでいい。心に余裕を持つことが大事ですから。

もちろんいくらお金を払っているからって、横柄な態度に出るのは許されないですよ。調子に乗り、天狗になって騒いでいたら、「あの人は出禁！」ってことにもなりかねないですし。

でも自己肯定感が低くてコミュ障で悩んでいる人たちは、言ってみればマイナスからのスタート。「お金を払っているんだから私は偉いんだ」くらいの気持ち的な底上げがないと、正常なバランスが取れないんです。

だからキャバクラやネイルサロンの前で「お金を払っているのは自分、お金を払っているのは自分……」って10回くらい唱えてから入店するべきでしょうね。

これは一種の自己催眠。思い込みを徹底させて、それを習慣化していくんです。それくらいしないとダメなんですよ。じゃないと自分は変わらない。形状記憶シャツと一緒で、なにか起こるとすぐまた「私なんて……」「俺なんて……」という卑下するモードに戻っちゃいますから。

結局、コミュ障で悩んでいる人は「上手にしゃべれるように、滑舌をよくするトレーニングをする」とかでは解決しないんです。

コミュ力を高めることは自己肯定感を高めることと背中合わせだから、「お金を払っているのは私」→「お客様は神様」→「つまり私は神様と同じ」といったイメージで自分の脳を騙していくしかない。何度も繰り返し、自分で自分をポジティブに洗脳していくんですよ。

アイドルから学んだ思考トレーニング
〝演技力〟で人間関係はスムーズに進む

スムーズな人間関係を構築するうえで大事なのは〝演技力〟なんです。

これは相手から怒られているときや、興味がない接待相手を気持ちよくさせるケースを想像するとわかりやすい。

もしくはムカつく奴が、目の前でどうしようもない自慢話を延々と続けているとします。内心では「バカじゃねぇの？」って嘲笑《あざわら》いつつも、「いや〜、勉強になるなあ。すいません。忘れるといけないから、メモ取っていいですか？」と歯が浮くようなおべっかを平気で使う。これが大人の対応というやつです。

そこに照れみたいな感情が透けたらダメで、やるんだったら徹底して敬意を払う演技をするんです。

嘘をつくときの鉄則として、相手を騙すときはまず自分から騙す。だから心の底から軽蔑していても、「こんなバカな奴でも、少しくらいはいいところがあるはず」と見方を切り替えてみるんですね。そして、その褒めるべき1点を集中してプッシュするんですよ。

わかりますか？　ムカつく奴に対して「腹が立つな」と思ったら、そこで終わり。でも「待てよ。この人も考えようによっては……」と逆転の発想を取り入れることで、相手に対する敬意が自分の中に生まれるし、結果的に相手を騙せるんです。

実はこのパラドックス理論、僕が大好きだった某アイドルの影響が大きいかもしれない。

そのアイドルの子は気分屋なところがあって、ステージでもつまらなそうにしていることがあったんですよ。例えば自分の歌う曲がセットリストに入ってなかったりすると、途端に「私には関係ないことだから」みたいなオーラを出して下を向いてしまうんです。

はっきり言って、プロ意識が足りなかったのかもしれない。でもそれでも全力でフォローしたいわけですよ。他のメンバーを推しているファンとしては、「なんであんなやる気のない子が人気なの？」って批判してくるから、そうした声に対抗するためにも〝致し方なく下を向いた必然性〟が必要になるんです。じゃないと論破できませんからね。

ファンが集まる飲み会では、僕も苦し紛れに「自分があまり出しゃばっちゃいけないという考えから、あえて下を向いて黙っていた。だけど内心では闘志をメラメラ燃やしていたことは間違いない」とか代弁していましたね。


この経験から、マイナスの要素を無理やりにでもプラスに変換して説明しなくちゃいけないということで、物事を多角的に捉える習慣がついたんですよね。逆転の発想をするようになった。これは結果的にすごく自分の人生にとって役立ちましたね。

「塩対応」と言われていたアイドルだって、彼女を推すファンの人は「ファンの中にはそっけない対応をよろこぶ人もいる」とか「みんなと同じ対応じゃ差別化できない。だから、あえてツンとしている」とか、全力で彼女をフォローしていたと思います。

これは一種の思考トレーニングですよ。目の前にダメなものとか嫌いな人がいても、それをプラスに変換する習慣をつけていく。結果、それによって相手との関係を優位に進められます。

世の中にはマイナスだけの人間もいなければ、プラスだけの人間もいない。好きとか嫌いとかいう自分の感情とは別に、相手のプラス面を冷静に拾い上げる。それを常態化していくんです。今日からでも実践して損はないと思いますよ。

表面上のそれっぽい会話は得意だけど、芸人同士の合コンは時間の無駄

僕がなによりも苦痛なのは、稽古中に団長（安田大サーカス）から怒られる時間です。とにかく一刻も早く終わってほしいと考えている。

そこでポイントになるのは、こっちサイドの話し方。内心では「畜生、長い説教だな。同じような話ばかりダラダラしやがってよ……」とウンザリしていても、口調ひとつで団長の対応はガラリと変わってくるんです。

実際、過去に僕は「ごめんなさい。いまいち要領を得ないから、もう少し簡潔に説明していただけますか？」と言って、死ぬほど怒られたことがあるんですよね。あのときは完全に火に油を注いだ格好でした。

そこで次に怒られたときは「僕なんかのために団長はいろいろ考えてくれてて……。

こんなにも時間を割いてくれるなんて、本当にありがとうございますッ！」と伝えたんですよ。案の定、団長はまんざらでもなさそうでしたね。「さすがのこいつも響いているようだな」って目を細めていましたから。

当たり前だけど、僕自身はまったく変わってないんですよ。もちろん怒られてもまったく反省していないし、それどころか、「かったりいな。早く終わらないかな」としか考えていない。

でも、それっぽい態度を示しておけば人間は意外にコロッと騙されてくれるものなんです。その演技力を磨くには前述したように「ムカつく」「嫌い」「バカじゃねぇの」みたいな自分の素直な気持ちとは真逆のことを頭に浮かべるといい。

こんな調子だから、僕に限ってはよくわからない宗教団体とか投資詐欺に引っかかることはまずないと思います。

基本的に疑惑の眼差しで世の中を見渡していますから。「この人は意外に信用できるな」と途中で気づいたら、距離を縮めることはありますけどね。

今だから言うけど、WACK社長の渡辺淳之介さんなんかはその代表格。僕がアドバイザーを務めている豆柴の大群と都内某所を一緒に手掛けている人です。「全裸PV」とか「AV監督を使った映画撮影」とかアイドルとして異質のアプローチを仕掛けてきた敏腕プロデューサーですが、僕がガチのアイドルファンだからこそ、そういう仕掛けばかりする渡辺さんには以前から不信感しか持っていなかったんですね。

だけど仕事を一緒にするうちにあの人の凄味に気づかされたし、しっかりタッグを組んだほうがいい人物だと自分の中で軌道修正していきました。

最初は疑惑の眼差しから。だけどつき合いを続けるうちに、距離を縮めて腹を見せ合う関係になったというわけです。

とはいえ、誰も信用していなくて、自分から話しかけることもしなかったら、それは単なるコミュ障。僕の場合、それとは違うんですよ。

むしろ表面上を取り繕うのはうまいほうだから、初対面で誰とでも仲いい感じで振る舞うことはできます。

ただ、むやみやたらと信用できるかどうかもわからない人と交流しても仕方がない。実用書とかでは「人脈を広げたほうがいい」とか当たり前のように書かれていますけど、実際はそれってかなり難しいですよ。名刺交換をひたすらしたところで、本当に自分の実になるかはわからない。

芸人同士だと、みんなで合コンに行くことがよくあるんです。これは「女の子をお持ち帰りできるか?」という話もさることながら、実際は事務所を超えた横の繋がりを強化するという側面が強いんですね。

だけど、僕は一切そういうものには参加しません。なぜなら時間が無駄に過ぎていくから。女の子にその気がないのに2次会に行って、カラオケにも行って……とか想像するだけで気が滅入ってくるんですよ。合コンじゃキャバクラみたいにチェンジもできないですしね。

無駄だと思う交流はしないけど、1人の大人として、嫌いな相手にもそれっぽい態度を示す。そんなバランス感覚で生きています。

安田大サーカスのＨＩＲＯくんに嫉妬していた過去

安田大サーカスはトリオです。リーダーとして仕切っているのは団長。そして舞台ではＨＩＲＯくんが笑いを持っていくことが多かったんですよね。役割としては、ＨＩＲＯくんが大ボケ、自分は小ボケ。あくまでも主役はＨＩＲＯくんみたいなイメージが、気づいたら世の中的にも定着していました。

もともと自分は芸人になりたかったわけじゃないとはいえ、なんだか釈然としなかったです。つなぎ役みたいなことを自分がやらされていることに対して、モヤモヤした気持ちがくすぶっていました。今だから言うけど、正直、ＨＩＲＯくんに対するジエラシーの感情がありましたね。

だけど、徐々に考え方が変わっていったんですよ。ＨＩＲＯくんが目立つということは、誰も僕なんかに注目していないということ。それはある意味、自分にとってチャンスだと思ったんです。

誰も注目していないんだから、好き勝手なことができる。この期間にパワーを溜めて可能性を広げて、自分のターンが回ってきたら一気にスパークさせることができる。

今は解散しちゃったんですけど、僕と同じ事務所にピーマンズスタンダードというコンビがいまして。そこのみなみかわとの関係に悩んでいた相方の吉田（寛）に言ったことがあるんです。

「たしかに今はみなみかわのほうがお前より少し目立っているかもしれない。だけどそれが一段落したら、たぶん世間はお前のほうが気になるようになる。それまでキャラクターが前面に出ていなかった分、お前のことをいじりたくなるはずだから。それまでに地力をつけておけば、一気にお前はバーンと前に出ることができるぞ」

僕がＨＩＲＯくんと出会ってたどり着いた理論です。

なんで自分が一番じゃないんだ？　二番手、三番手じゃ自分は満足できない！

そう思うのは勝手ですよ。でもそれで腐ってなにもしなかったら、状況は変わらないじゃないですか。今は打順が回ってくるまで力を蓄えておけるチャンスなんだから、ラッキーだと考えないとダメなんです。

実際に忙しくなって、自分の役回りを求められるようになると、新しいことを試すなんて余裕はなくなります。

会社員だったら空いた時間を使って資格を取るとか、野球部でピッチャーの補欠だったら新しい球種を覚えるとか、なにかしらアクションを起こすべきなんです。

二番手はチャンスがある。二番手はおいしい。こういう発想ができる人こそ、数少ないチャンスをモノにできると僕は信じています。棚からボタモチが落ちてきても、賢くない人はそれがボタモチだと気づかずにスルーしがちなんですよね。

ＨＩＲＯくんに対してジェラシーを抱いたことはあったけど、逆に僕が嫉妬されるようなことはまったくないんですよね。

最近はよく「テレビの出演回数がすごいね」とか「活躍してるじゃん」とか言われ

るんですけど、「うらやましい」とか「俺もクロちゃんみたいになりたい」とは絶対に言われない。尊敬もされなければ、嫉妬されることもないんですよ。

実際、僕も狙って今のポジションになったわけじゃないですからね。芸能界にいる以上、「売れたい」とか「名前を知ってもらいたい」と考えるのは当然でしょうけど、「かといって、クロちゃんみたいなかたちで売れてもね」って小バカにされている状態がずっと続いているんです。

第3章

切り離せないアンチの存在

なぜ僕は嘘をつくのか

「変わり者でなにが悪い?」同調圧力なんて、どこ吹く風

なぜ僕が日本中の人から叩かれても平然としていられるかというと、〝慣れ〟というのも大きいと思います。とにかく叩かれている回数が他の人よりも多すぎるんですよ。なにしろ芸能人になる前から、ずっと叩かれ続けていましたから。バッシングを浴びることに免疫がついたという点はあるでしょうね。

僕の考え方の根本にあるのは、自分の信念は曲げられないということ。人間、誰でもその人なりの正義があるはずです。妥協できないポリシーは持っているでしょう。僕はそこを絶対に変えたくないいんですよ。例えば足を鍛えたいと思ったら、すぐに実行しないと我慢できない性格なものだから、早速、次の日から裸足で学校に登校する。そうしたら速攻で変わり者扱いされるわけです。こっちは単に健康になりたいだ

けなのに。

ちなみにそのときは「こいつは靴を買うお金もない貧乏人だ」って思われるのが恥ずかしかったから、靴を右手に持って裸足で歩いていたんです。そうしたら、ますます変人扱いに拍車がかかりましたね。

ほかにも駅前の自転車が倒れていたら、どれだけ時間がかかっても直さずにはいられない性分。それは別に格好つけているわけでもなければ、褒められたいからやっているわけでもないんです。でも、なぜか気になってしまうんですよね。自分とは関係なくても、放置しておくことが性格上できない。

30分とかかけて倒れている自転車を愚直に起こしている僕を見て、「なんであんなことしているわけ?」と笑う声も耳に入ってくる。僕としてはショックを受けますよ。「正しいことやっているのに、なんで……?」と思うじゃないですか。

こういうのは、自分の根本的な考え方なんだと思う。でも自分が正しいと思うことをしているんだから、妥協だけはしたくない。

同調圧力？　そんなの僕には関係ないですね。たしかに日本社会では、変わり者を排除しようとする空気感はありますよ。でも僕に限っては「変わり者だからダメ」という考えは最初からないんです。出る杭が打たれるんだったら、打ってくるほうがむしろ間違えているわけで。

おそらくこれはアニメの影響も大きかったんじゃないかな。僕が好きだった『ハイスクール！奇面組』の登場人物は変わり者揃いだったけど、そこが武器になっているという側面は確実にあった。『ウイングマン』とか『キン肉マン』だって同じ。彼らは変人だったからこそ、みんなのヒーローだったんです。

アニメとか漫画とかの世界だと、変わり者が主人公になるのは普通のこと。変わり者が時代を動かすことができる世界なんですよ。

昔から僕がこんな考え方でいるものだから、みんなとは共通の趣味もなければ、話題も噛み合わなかった。例えば若い頃って不良っぽいカルチャーに憧れる人が多かったけど、僕はタバコもバイクも車もまったく興味が持てなかったですし。

音楽だってそうです。僕らの時代はザ・ブルーハーツとかＢＯØＷＹとかが流行っていたんだけど、僕は「なにそれ？」って感じでした。その代わりアニメは好きだったから、『らんま1／2』の主題歌『ＥＱＵＡＬロマンス』を歌っていたＣｏＣｏとかは好きでしたけどね。のりピー（酒井法子）の存在を知ったのも『アニメ三銃士』の主題歌『夢冒険』でしたし。

そのへんは、のちに芸人になってから困った点でもあるんです。みんなの話す「普通」がわからないわけですから。ただ、同時に武器にもなった。変わり者だからこそ、他人にはできないことができるわけであって。

僕は小さい頃から「普通じゃない」とバカにされてきたけど、そもそも「普通の人」なんてどこにいるのかっていう疑問もあるんです。少なくても僕は46年間生きてきた中で、１００％普通の人って出会ったことがありません。みんな、どこかしら変なところは持っていますよ。

もし仮に〝完璧に普通の人〟というのがこの世にいたら、極端な話、その人は生きている意味がないじゃないですか。だって個性がまったくないということは、誰でも差し替え可能なんですから。

それでもみんな悪目立ちしたくないから普通ぶっているだけで、僕との違いなんて程度の差に過ぎないんじゃないかと思います。「変わり者でなにが悪いの？」という気持ちは常に持っていましたね。

小学校のとき、クラスの学級委員になったのも一種の正義感に突き動かされた格好でした。「変わり者の自分だけど、正しいことを貫き通したい」という気持ちが根底にはありましたから。俺の正義によって学校を救ってやりたかった。

もっとも学級委員に関しては「嫌な奴がいたら排除したいし、クラスを俺が実効支配してやろう」という〝黒い野望〟もあったので、100％胸を張れることでもないんですけど……。

それはさておき、間違えた状態に対して見て見ぬふりをすると、自分が生きづらくならないですか？　自分が生活しやすいようにするためにも、自分の正義を主張するのは当然のこと。「社会をよくしたい」なんていう大それた話じゃなくても、単純に自分が窮屈な思いをしたくないんです。

決定的な嫌われ者になった瞬間『水ダウ』に押された〝嘘つき野郎〟の烙印

バッシングというのは、あるタイミングを境に加速度的に増えていくものなんですよ。ダムが決壊するときのように、濁流が怒涛の勢いで流れ込んでくるイメージ。これは僕だけじゃなく、批判に晒されがちな他のタレントさんにも同じ傾向があると思います。

僕の場合、やっぱり一番大きなきっかけは『水曜日のダウンタウン』の企画でしょうね。あの影響力はエグかった。

もちろんその前から団長やＨＩＲＯくんがいろんなところで暴露しているクズなエピソードも、僕のイメージ低下に果たした役割は大きいですよ。親からの仕送りを受け続けているとかね。

3人ともお金がなかったとき、僕だけ親から仕送りしてもらったお金で〝1人お菓子パーティ〟をやっていたことがありました。そのとき僕は2人にお菓子をあげなかった。だって僕のお母さんは僕のために仕送りしてくれたわけで、それを他人にあげるのはおかしいでしょ？

団長とＨＩＲＯくんは食うに困っているような状態だったから、文字通り怒り心頭ですよ。「この野郎、許せない！」ってことで、あの頃は心底恨まれましたね。

『水曜日のダウンタウン』関連の炎上でも特に印象に残っているのは、やっぱり「起きたら人がいるのが一番怖い説」かな。

「新宿から歩いて帰るしん！」とかツイートしながら、実際はタクシーで帰る。帰宅後も「筋トレするしん！」とかダンベルを持った写真をアップした直後、あっさりやめてしまう……こうした一部始終を隠しカメラに撮られていたんです。

あのときは自分の人生の中でも1、2を争うくらい炎上しました。〝嘘つき野郎〟という烙印を全身に押された格好です。

本当にそれまでの叩かれ方とはレベルが違ったんですよ。日本全国津々浦々、お年寄りからお子様まで、みんなが僕のことを糾弾するようになりましたから。引き返せないほどの決定的な嫌われ者になった瞬間でした。

正確に言うと、アンチが「死ね！」と言ってくることは昔からあったんです。僕に対して常にアレルギー反応を示す人は決して少なくなかった。ただ、『水曜日のダウンタウン』によってその母数が圧倒的に増えたんですよね

もちろん僕自身はなにも変わっていないんですよ。番組によって自分の嘘つきが可視化されたような状態になっただけで。

僕は最初から一貫してこんな調子だし、『水曜日のダウンタウン』が嘘つきキャラをなすりつけてきたからって急にツイートに嘘を散りばめ始めたわけじゃない。だから急に〝国民の敵〟みたいな扱いになったことに納得は全然していないです。

今なんて可愛いかなと思って「おはおはにゃんにゃん、おはにゃんにゃん」とか朝起きて自撮りツイートしたら、すぐさま「頼むから死んでくれ！」「いつ永眠するん

だよ?」みたいな反応が殺到する状態。

なにを話しても「死ね!」だから、相手にするだけ無駄だなと諦めるようになりましたけどね。バッシングされることが通常運転になって、感覚が麻痺していったということもあります。

なにを考えているのかわからない……偏執狂的なアンチの実像

あまりにも毎日ボロカスに叩かれていると、逆にバッシングしている人はなにを考えているのか気になってくるものです。例えば事務所に抗議電話をかけてくる人は、別に自分自身が実被害を受けているわけではないんですよ。

ではなぜ怒っているかというと、僕がツイッターで嘘を書いていることに対して「黒川（クロちゃん）に嘘つかせてるんじゃねぇよ！　事務所はなにを管理しているんだよ！」という話。「平気で嘘をつくことが許せない」という世直し的な感覚が根本にあるようなんです。

電凸してくる人には一定の共通点があって、めちゃくちゃ僕について詳しいんです。すごく研究している。ある意味、クロちゃんマニアと言っていいでしょう。裏を返したら最大のファンなのかもしれません。

でも、そこが怖いところなんですよね。「ムカつくから相手にしない」だったら理解できるんだけど、「気になってしょうがないから、自分が正すしかない」という尊王攘夷の志士みたいな発想になっていく。あるいは政治家の不正を追及する硬派なジャーナリストのような気持ちになっているんです。

たしかに政治家は国民が払った税金で生活しているわけだから、厳しく姿勢が問われるのは当たり前かもしれません。でも、僕なんて一介のお笑い芸人ですからね。

実際に抗議電話を受けたマネージャーに話を聞いてみると、相手は『わらきん(笑いの金メダル)』時代から見ている相当なクロちゃんマニアだったと。その人は、僕がツイッターになにか書き込むと通知がオンになるように設定しているらしいんです。「SNSによって黒川は変節した。昔はこんな奴じゃなかった。それが許せない」

それが相手の主張。でも、こういうことを言い出す人って結構いるんです。そんなの荒唐無稽な勘違いなのに……。

一番しつこかった人は2年くらい連続で会社に電話し続けたものだから、マネージャーも根負けして「わかった。会社命令でクロちゃんにはツイッターをやめさせる」と伝えたらしいんですね。

そうしたら向こうは慌てて「いや、勘弁してくれ！　それだけは困る！」と態度を軟化させてきたそうです。ツイッター上での僕に難癖をつけるのが生きがいになっているものだから、その楽しみを奪われたくないんだと思います。

それでは結局、僕にどうしてもらいたいのかがわからないですよ。自分が文句を言って、ガス抜きしたいだけなんでしょうね。

マネージャーは電話でアンチに伝えたそうです。

「たかがツイッターとはいっても、仕事に繋がっているんです。それで結果的に仕事量は増えていますし。クロちゃんだってふざけているように見えるかもだけど『半分は仕事、半分はプライベート』という感覚のはず。そこはわかっていただけませんか？」

でも、相手は最後まで取り付く島もなかった。今はツイッターのフォロワーが76万人以上になりましたけど、その人数が全然少なかった頃から熱心なアンチはずっと僕を監視しているんです。偏執病的ですよね。

なにをどう言っても納得してくれない。「自分が正しい。黒川が間違えている」という考えにとらわれてしまっている。本当に怖い世の中です。

やたらと「絆」が大切にされる時代の薄気味悪さ

それまで応援してくれていた人たちが、ある時点を境に、急にアンチに豹変するパターンもあります。

インディーズバンドがメジャーに行ったとき、「売れ線に走りやがって!」とか文句を言う人がいるじゃないですか。昔から僕を見ている人の中には、そういう「自分の知っているクロちゃん像と違う!」というところで発狂する人が少なからずいるんです。

かと思えば、フォロワーの中には何年も悪口を書き続けているうちに徐々に僕の理解者となり、気がついたら熱心なファンになっていたという人もいますね。

これは僕みたいな人前に立つ仕事だけじゃなく、人間関係全般に言えることだと思います。つまり世の中の人間は「敵」か「味方」の二者択一ではないんです。実際の世の中はもっとグラデーションに富んでいて、ときには敵が最大の味方になることもありうる。そこは肝に銘じたほうがいいポイントかもしれません。

僕に対するツイートなんて、100あったら99は悪口じゃないかと思う。だから1個でも誉め言葉があると、めちゃくちゃよろこびを感じるんです。

好感度タレントのみなさんには一生この気持ちはわからないでしょう。だけど申し訳ないけど、彼ら、彼女らは社会からチヤホヤされることにあぐらをかいている可能性が高い。

ある意味、僕は恵まれていますよ。たったひとつの応援コメントに対する感謝の気持ちや高揚感は、嫌われ者じゃないと絶対に味わえないはずです。常に美味しいものばかり食べている人って、感覚が麻痺しちゃって美味しいものを美味しいって感じられないと思いますから。

そう考えると、周りが味方ばかりという環境も危険ではあるんですよね。イエスマンばかりだと裸の王様になりがちだし、正常なジャッジ能力が低下していく。

今は「仲間」とか「絆」とかがもてはやされる時代じゃないですか。たしかに聞こえのいい言葉ではあります。

でも「本当にお前はクズだな」「どうせお前は失敗するよ」みたいにアンチ的なことを言ってくれる人が周りにいたほうが、人間的なバランスは取れるような気もするんです。適度のストレスって、日常生活のスパイスにもなりますしね。

これだけバッシングを浴びても態度を改めない理由

これだけバッシングを浴び続けているにもかかわらず、それでも僕は一向に態度を改めようとしない。そこを不思議に思う人もいるでしょう。「自分がクロちゃんと同じレベルで叩かれたら、さすがに凹んでしおらしくする」って考えるかもしれない。でも、待ってください。悔い改める必要なんてありますか？　だって僕、悪いとは一切思っていないですからね。もちろん1章で書いたように本当に反省すべきツイートへの批判はしっかり受け止めますが、僕は嘘つきかもしれないけど、法に触れることはしていない。それに人に迷惑だってかけていないつもり。

SNSでも他人を口汚く批判したり、偉そうにマウントを取ったり、ネガティブなメッセージは発していない。それにこれまで僕はこう見えて不倫騒動や金銭トラブルを起こしたこともない。

冷静に考えると、嫌われている根拠がよくわからないんですよ。それなのに、なんで謝る必要があるんですか？　多数派に対して屈しなくてはいけないという考えが僕の中には最初から存在しないんです。取り繕う気持ちもないですし。

そもそも僕は根本的に一匹狼。群れることはダサいと思っている人間なんです。結局、群れる奴らって、弱いから一緒にいるだけじゃないんですか？　狼として牙を剥くほうがカッコよくないですか？　僕が好きだった『ウイングマン』も、周りの生徒からは「なんであいつ、ヒーローごっこなんてやってるの？」と笑われながら孤高を貫いたわけですしね。

だから僕なんかは多数派から叩かれても、むしろ悲劇の主人公的にナルシスティックな気分になるんですよ。自分に酔って、気持ちよくなっちゃう。

「なんで社会は俺のことを理解してくれないんだ？　正しいことをしているはずなのに……。ひょっとしたらゴーギャンやゴッホのように、俺の真価が理解されるのは死後になってからかもしれない」

結局、悲劇のヒロイン症候群ですよね。

ツイッターで「生きている価値がない」「お前は信頼がない。孤独死する」とまで言ってくる人たちは、なにがなんでも僕にダメージを与えたいんです。そのことばかり考えているくらいですから。でも、そこで怒ったら相手の思うつぼじゃないですか。怒りに任せて反論ツイートとかは絶対したくない。

ただし、一度だけ例外がありました。アンチの誹謗中傷によって実際に死者が出たときです。さすがにあのときは言い切ったほうがいいと思ったので、厳しく忠告しました。

あえて感情のおもむくままに「過剰に叩くことはよくない」と当たり前のことをツイートしたつもりです。間違えていることは、きちんと間違えていると理解してもらわないと……。それは僕みたいに曲がりなりにも影響力が多少ある立場だからこそ、伝えるべきだと思ったんです。

物事の見方を逆転させる癖をつけると世界が変わる

僕の考え方って、流行りの言葉でいうと「逆張り」的なところが大きいんですよ。なにもそれは奇をてらっているわけじゃなくて、一面的な見方にならないように注意しているということなんですけど。

どんな悲劇が自分を襲っても、「待てよ。でも考えようによっては……」と前向きに捉えようとする。逆に小躍りするようなうれしい出来事があっても、「勝って兜の緒を締めよ」の精神で天狗にならない。

ネットニュースやワイドショーを観ていても同じ。「こいつ、ムカつくな。許せない！」と情緒に流されるのではなく、「なんでこの人はこんなことをするに至ったのか？」と考えてしまう。こういう捉え方をするのが癖になっているんです。僕の性格が変わっているのと言われるのは、たぶんこのあたりも大きいんじゃないかな。

考えてみると、今までの人生で逆転の発想を余儀なくされる場面は何度もありました。話は中2の夏までさかのぼります。

その頃、盲腸にかかったんですよ。すさまじい激痛が身体を貫いたから、慌てて病院に行ったら、「これはすぐ手術をしなくてはいけない」と告げられ、そのまま入院となりました。

そのとき、生まれて初めて〝死〟というものを意識しましたね。「たかが盲腸で大袈裟な」って笑うかもしれませんが、盲腸って診断が遅れると死亡することもありますからね。本当に人生で味わったことがないレベルの痛みだったんですよ。

しかも当時の僕はバレーボール部に入っていて、Bチーム……つまり2軍のエースだったんですね。1軍に上がれるかどうかの瀬戸際で、部活キャリアの中で非常に重要な時期。なのに盲腸のせいで緊急入院ですから。これがショックに輪をかけました。「もう俺の人生は終わりだ」と真剣に思い詰めました。

そんな絶望の気持ちを抱えつつ、病院の窓から外を眺めていたら、詞が天から降ってきたんですよ。それが僕が今もツイッターに投稿するポエムの原点。さらに作詞家としてのスタート地点でもあります。
僕の処女作は『鬼』というタイトルでした。

鬼って優しいんだよ
鬼って本当に優しい生き物なんだよ
人に蔑まれ嫌なことされてもグッと我慢する
本当は優しい生き物なんだよ
僕はそんな鬼になりたいと
そっとつむく

解説しますね。昔話の『桃太郎』や、最近だったら『鬼滅の刃』に代表されるように、日本の物語だと鬼って悪い生き物とされているじゃないですか。でも、鬼の立場になって考えてみてほしいんです。

自分たちは悪いことなんてしていないし、たまたま漂流した場所に人間がいて、その人たちに勝手に怖がられているだけかもしれない……。そういうことが頭に浮かんできたんです。ある意味、鬼に自分の姿を投影していたのでしょう。

そもそも僕は昔から声が甲高かったですからね。そうすると、いろんなところで好奇の目に晒されるんです
でも、僕だって多感な年頃じゃないですか。普通の感覚だったら傷ついて、家に閉じこもっちゃいますよ。そこで自分がダメージを食らわないようにするため、無意識に物事の見方を逆転させる癖がついていたんですよね。

つまり「鬼＝悪者」と決めつけるのではなく、「鬼だって考えようによっては、いいところがあるんじゃないの?」と再検証してみたんです。

僕の声を聞いて、「女みてぇだな」とか「気持ち悪い」とか言ってくる人は大勢いました。でもそこでマイナスのイメージを引きずるのではなく、あえて発想を変えてみるんですよ。具体的には僕はアニメが好きだったから、「この声なら、いつまでも

アニメの曲が歌えるな。ラッキー♪」みたいな感じで。

人生そのものが逆転の発想というか、物事の見方を変える習慣が骨の髄まで染みこんでいるんです。この発想法を持てるようになれば、ちょっとやそっとのことではへこたれなくなりますよ。そして物事の見方が立体的になると、人生が豊かになる。仕事の面でも、他人からは出ない発想が生まれるでしょうしね。

まずは自分が虐げられている鬼になった気持ちで世の中を見つめ直してほしいと思います。

僕は「嘘＝悪」という常識に対して、異議申し立てをしている

そもそも僕はなぜ嘘をつくのか？

『水曜日のダウンタウン』で「クロちゃん嘘ツイート監視企画」なんて企画が放送されて世間に嘘つきだと認定されたけど、嘘つきじゃなければ僕はここまで嫌われることもなかったはず。だけど、こればかりはやめられないんですよね。生まれついての嘘つき野郎だと自分でも思います。

まず断っておきたいのは、僕の嘘には打算がないんです。なぜ嘘をつくかと聞かれても、悪気のないイタズラ心としか言いようがない。

例えば空港のお土産屋で、買ってもいない商品の写真をSNSにアップする。そういうのは昔からやっていることなんですよ。団長なんかは「昔からこいつは変わって

いない」と言うけど、そこに関しては本当にその通り。
「昼はこれだけしか食べなかったしん！」みたいな食事内容をアップするのも同じ。実際はもっと食べていても、息を吐くようにして嘘をついてしまう。

思えば人生で初めて彼女ができたとき、他愛のない嘘をつくのが楽しくなったんですよ。あれがきっかけだったのかもしれないな。

がっつりラーメンを食べた日も、「太らないようにヘルシーな日本蕎麦を注文したしん！」みたいな。その嘘がバレたとしても、恋人だったら「てへぺろ」で済ませてしまう。根本的に可愛いことが好きだから、ついつい可愛く見える方向に情報を修正しちゃうんでしょうね。

最初は『水曜日のダウンタウン』のスタッフも僕の嘘つきぶりに度肝を抜かれたみたいです。「なんなんだ、このサイコパスは！」って感じで。

僕のことを隠し撮りしていると、「歩いて帰るしん！」とかツイートしながら急にタクシーに乗ったりするわけです。そうやって予想外の行動を連発するたび、撮影スタッフの段取りがめちゃくちゃになるわけですよ。カメラで追う対応とかができなくなってしまうから。それが番組の会議でも問題になって、「じゃあせっかくだからクロちゃんの嘘つきぶりを徹底検証しよう」という話になったみたいですけどね。

普通、嘘をつく人は打算があるじゃないですか。詐欺とかはわかりやすい例ですよね。僕の嘘は目的がないんです。

強いて言えば、少し見栄を張っているのかもしれない。例えば「歩いて帰る」とツイートしておきながら、実際はタクシーで家に帰る。「蕎麦で我慢している」とツイートしながら、実際はラーメン大盛り。

それは「偉いな。頑張っているな」と思われたいから事実と異なることを書くわけで。そこに翻弄されている人の姿を見るのが楽しいし、ささやかな僕のよろこびなんです。

嘘って悪いものとして教育されているじゃないですか。「嘘つきは泥棒の始まり」

なんていうことわざもありますし。でも、世の中には優しい嘘だってありますよね。相手のことを思ったら、必ずしもストレートに本当のことを伝えるのが正義とは限らない。そういうジレンマは生きていれば経験するはずです。

だから僕は「嘘＝悪」という常識に対して、異議申し立てをしているんです。嘘つきということで必要以上に責められている現状は、正直、納得いっていないですね。むしろ僕の嘘は社会のためになっていると考えているくらい。

別に僕は嘘をついてお金を騙し取ったり、不倫して誰かを困らせているわけじゃないんですよ。実際はラーメンを食べているのに「昼食は蕎麦にした」と伝える。そんなの「だからなに？」という話じゃないですか。

みさなん、むしろ嘘だと知って気分がほっこりしていますよね。日常生活に僕の嘘というエッセンスが入ることで、毎日のアクセントになっている。面白いなという気分になって、午後からの仕事や勉強も頑張ることができる。少し大袈裟に表現すると、僕の嘘は日本を明るく照らしていると思うんですよ。

それと開き直るわけじゃないですけど、僕のことを非難している人は今まで人生で一回も嘘をついたことがないのかということは問い質したい。

これは嘘という言葉の定義の問題にもなるんです。社会の中で生活する以上、みんななにかしら役回りを演じることはありますよね。１００％真っ裸の状態でいるわけがないんです。

人から怒られたら、落ち込んだ振りをする。ＯＬさんだったら、出社前にメイクをして着飾る。好きな人の前では、精一杯カッコつける。好きじゃない人の前でも、少しはカッコつける。恋人が手料理を作ってくれたら、口に合わなくても美味しいと驚く。会議でプレゼンするときは、さも価値があるかのように話す……。

要するに〝ええかっこしい〟は誰もがしているんですよ。僕の場合、カメラが密着しているから全部バレているだけ。

今はアイドルや女優が自撮りするとき、当たり前のようにアプリのフィルターで加工していますよね。共演者と一緒に撮るときも、加工しないと逆にエチケット違反だと指摘されるくらいで。それと同じで、僕も嘘というフィルターをかけて社会に自分の情報を発信しているんです。

もっと言ってしまえば、嘘をつくことの崇高な精神にも気づいてほしいですよね。僕がつく嘘は「理想」です。「ラーメンじゃなくて、蕎麦を食べる自分でありたかった」という理想。それはアプリで自撮り画像を加工している若い女性と同じメンタリティですよ。できれば、そこに自分が近づきたいという「願望」も入っている。

つまりこれは理想が高いからこそ出てくる嘘なんですね。嘘をつかない人は、僕から言わせれば向上心がないってことですよ。今のままでいいやと安穏としてしまっている。人間として、もっと高みを目指してほしいですね。自分の可能性に蓋をするのはもったいない話ですから。

TKO・木下さん「土下座事件」の全真相と、〝悪いのは僕じゃない〟精神

僕は、芸人として特殊な位置にいると我ながら思うんです。

お笑いの世界って実はかなり厳しい競争社会だから、みんな必死で自分だけの笑いを追求しているんですね。だけど僕はそもそも芸人志望じゃなかったし、そこまで頑張ることはしていなかったんです。

例えば舞台で滑るとしますよね。これはお笑い芸人にとって本当に落ち込むこと。だって笑わせることが自分の仕事なのに、お客さんがその仕事内容にＮＧを出しているわけですから。

お笑いの世界では、コロナ禍に入ってから無観客とか声出し禁止で劇場ライブをや

る時期が続いたんですよ。芸人仲間がみんな口を揃えて言っていたのは、とにかくお客さんのリアクションがないとやりづらいということ。調子が狂うという話でした。だけど、僕は全然気にならなかった。それどころか滑っても気まずい思いをしないから、コロナが早く収束してほしいという気持ちはもちろんあるけど、この状況に限ってはラッキーだと思いました。団長から怒られることもないですしね。

実際、勢いよく舞台に飛び出して「キュンからのバッキューン♪」とか言っても客席がシーンとしていることはコロナの前から年中あったことなんです。

それがコロナになってからは「あれれ？　みなさん、今日はおとなしいですね。そうか、声出し禁止でしたもんね」とかごまかすことができるようになった。ますますウケるとか滑るとかを度外視して、「ワワワワワァ～♪」とか思いついたことだけ好き勝手にしゃべるようになったんです。

そもそも自分が滑っても、団長やＨＩＲＯくんがなんとかしてくれると甘えた考えでいましたから。ソロだったら、滑っても団長から怒られないで済むし。僕は、とにかく怒られるのが嫌な人間なんですよ。逆に怒られなければなにをやってもいいと思っています。

お笑いライブでまったくウケなかった日は、卑怯かもだけどお客さんのせいにもしますね。「今日のお客さんは、僕の笑いがいまいち合わなかったみたいだな」とか「ファミリー層が多かったみたいだから、まぁしょうがないかな」って考え直すようにして。

お笑いの世界では「反応が渋かったとしても、それをお客さんのせいにしてはいけない」とよく言われるんです。でも僕に限っては、平気で観客のせいにする。失敗したら、即、自分で自分のメンタルをリカバーする。そこが大事なんです。

とはいっても、思い出したくもない失敗もいっぱいやらかしていますけどね。

例えば『ストライクTV』という爆笑問題さんの番組に出演したとき、TKO・木下隆行さんの暴露話をしたんですよ。先輩の暴露話をするときは、最低限ウケないといけない。ところがそのときはウケなくて焦って途中から話を盛ったら、さらに滑ったんですね。

収録後、木下さんの楽屋に安田大サーカス3人で挨拶に行って、いつもの芸人ノリで土下座で謝罪したら、冗談半分でその頭を木下さんに踏まれて……。これが「土下座事件」の全真相です。あの日の僕は全方位的にダメだったと思います。


キャバクラ通いをして女の子たちとトークしていると、自分に自信がつくということは前で触れました。だから僕は自分のネタ見せをキャバクラで最初にやるんですよ。基本、彼女たちは無邪気に笑ってくれますからね。そこで笑いが取れなかったら、テレビや舞台でも通用しないということになる。

例えば「そんなに見つめられるとキャ、恥ずかしい！　パッ、お花！」なんてお決まりのフレーズはキャバクラで思いついたし、「延長しないんですか？」という問いかけに対して「コンコンコンチュッチュッコンコンチュッチュ、また来週～♪」って返すようになったんです。

忘れられないのは今田耕司さんが司会をやっている生放送のネタ番組で自分がウケ

なかったことがあって、そのあとのトークで取り返すしかないと意気込んでいたんですね。そこでキャバクラで超鉄板だった渾身の一発ギャグ「にゃんにゃんこりんちゅうぱっぱっぱ〜、ぱらぱらぱらぽ〜、明日は晴れです♪」を披露したら、ゴリゴリに滑りました（苦笑）。

もうあのときの空気ったらなかったです。本当に恥ずかしかったし、穴があったら入りたかった。あれはマジでショックでしたね。

その重い空気を変えようと思って、団長は「キャバクラでウケたネタを生放送でやるな！」ってツッコんでくれたんですよ。だけど、そのツッコミも滑って、本当にいたたまれなかった。

今田さんの番組では、さすがにダメージが尾を引きました。完全に自信喪失したし、自分を見失いかけましたから。それでどうしたかというと、キャバクラに行って文句を言いました。

「お前らが笑ったから調子に乗って披露したけど、本番でおもいっきり滑ったじゃないかよ。どうしてくれるんだ！」

人のせいにしないと、自分の心が破綻しちゃいますからね。そこは他罰的に行ったほうがいい。

芸人・タレントとしての僕は意外にアドリブが嫌いで、実は台本をそのまま読むタイプなんですよ。

だから「ウケなかったとしても、俺のせいじゃない」っていう気持ちは常に持っています。「今回は放送作家の人がダメだったな」って他人事みたいな気分でいることができますから。

悪いのは自分じゃない。それだけは肝に銘じて仕事に取り組んでいます。

僕がカメラの前でも号泣できる理由……機械のようには生きたくない

周りの芸人仲間とかを見ていると、みんなすごく器用だなと感心することがあります。翻って自分は能力が低いなって思い知らされるんですよね。世間の常識もろくに知らないですし。

ギャグひとつとっても、みんなはなにか思いついたら次の応用編もすぐ派生させるけど、僕はひたすら「クロちゃんです！　ワワワワワァ〜♪」をやり続けるしかない。武器がそれしかないんですよ。一点集中でいくしかない。

でもね、結果的にその不器用さや要領の悪さがプラスに作用しているところも多いんです。ひとつのことを続けることで世間のイメージもつくし、芸の精度も上がっていきますから。例えば「情報番組でオールラウンドな話題にそつなくコメントするクロちゃんを視聴者は観たいのか?」という話ですよね。バランサーになれなかったからこそ、今の僕がいるという言い方はできると思うんです。

なんで俺はダメなんだろう? なぜ私は他の人が当たり前にできることができないのか? そう悩んでいる人も世の中には大勢いるでしょう。でも長い目で見ると、その不器用さが武器になることもあるんです。自分に悲観する必要は決してない。それは僕自身が自分のキャリアを振り返って強く思うことですね。若い頃は悔しい思いもたくさんしたけど、それだって決して無駄じゃなかったんです。

ひとつの道を究めるって大変なことですよ。それはどんな分野だって同じこと。一流アスリートとか世界的アーティストが日常生活では以外にポンコツだったりすることは多いみたいですけど、なんだかそれも僕は腑に落ちるんですね。女優さんとかも変わり者が多いみたいですし。やっぱりどこかで突出している人は、バランスを保つのが苦手な傾向はあります。24時間、365日、ひとつのことに没頭しているのだから、変わり者にならざるをえないんですよ。

これを読みながら「別に自分はアスリートでも表現者でもない。ただの会社員だ」

って反論する人もいるかもしれません。でも、会社員だって組織の中で突き抜けることはできる。他の社員からは出てこない発想で、企業の未来を変えるようなプロジェクトを立ち上げられるかもしれないじゃないですか。

他人をうらやましがっている暇があるなら、目の前にある自分が得意なことを実直にやる。当たり前のことかもしれませんね。でも、その当たり前のことをやり続けることが本当はとても大事なんです。

不器用といえば、僕は感情表現も本当に下手。『水曜日のダウンタウン』の「モンスターラブ」でボロ泣きしたとき（※歯科衛生士のリサをクロちゃんが脱落させるも、自分に好意を持っていたことが判明、最終話でリチに告白した際も土下座して大号泣）も「そこまでカメラの前で泣ける？」って驚かれました。

たしかに僕は他の人より感情を爆発させることが多いかもしれませんね。感受性は豊かなほうだと思うし、感情は無理して閉じこめなくてもいいと思いますから。

やっぱり喜怒哀楽は大きいほうが人生は豊かになりますよ。最近、人類が機械みたいになっているなと感じることがあるんです。ＡＩの進化によって、人間が泣ける映画や曲もコンピューターによって作り出される時代が来るという話じゃないですか。それはそれで便利なことなのかもだけど、なにか釈然としないんですよね。

ビニールハウスの野菜みたいな人生でいいのか？　養殖された魚みたいに過ごしたいのか？　僕は高度なＡＩで管理されたロボットではなく、人類としてオリジナルの人生を生きたい。そういう角度で考えたら、僕が号泣するのを誰も笑えないはずです。あなたも人間として自由に羽ばたいていいんですよ。

だから今後も感情はすべてさらけ出すし、親にも感謝するし、女の子にも好きだと過剰に伝えるでしょう。すなわちそれは僕が人間らしい感情を失っていない証明でもあるんです。逆に泣きたいときに泣けない人は、僕からすると可哀想。

シンギュラリティ（※人工知能が人間の能力を超える時点で、人間の生活に大きな変化が生じるという説）という概念もあるように、人間はどんどん機械化しています。「放っておいたら、全人類が機械になる」というイメージはしっかり持っておいたほうがいい。こういう時代を生きているからこそ、人間らしい心を失わないでいただきたいですね。

「努力は絶対にしない！」「損だけは絶対にしたくない！」「僕は絶対に悪くない！」
クロちゃん流メンタルを保つ法則〝3箇条〟

周囲から「憧れる」とか「尊敬している」とは一向に言われない僕ですが、「ある意味、うらやましいよ」と妙な感心のされ方をすることはあります。「クロちゃんみたいな図々しさがあれば、生きづらさなんて感じないだろうね」ということらしいです。

もし本当にうらやましいのなら、「これだけは肝に銘じるしん！」という〝クロちゃんの3原則〟を伝授したいと思います。それは「努力は絶対にしない！」「損だけは絶対にしたくない！」「俺は絶対に悪くない！」というもので、半ば僕の口癖みたいになっているほど。本文の内容と重複している部分も若干あるかもしれませんが、改めて解説していきますね。

原則 1

努力は絶対にしない!

日本人って努力する人が大好きですよね。「努力=美徳」だと信じて疑わない。スポーツでも仕事でも資格取得でも、努力しないと勝利は得られないと思っていますから。なんだったら恋愛の駆け引きとか料理の腕前も努力で掴み取るものと考えているんじゃないかな。

でも、ちょっと頭を冷やして考えてくれと僕は言いたいんです。本当にその努力は必要ですか? ひょっとしたら遠回りをしているんじゃないですか?

例えば受験勉強。これなんて努力が必要とされる最たるものですよね。志望校に入りたかったら、嫌でも受験勉強して偏差値を上げなくてはいけないというのが一般的な考え方だと思います。

でも、僕は好きでもない丸暗記をシコシコするなんてまっぴらごめんだった。受験勉強で身につくものなんて、どうせ受験が終わったら速攻で忘れる、実社会でなにひとつ役に立たない知識ですからね。そんなものを必死で身につけてどうするのかという疑問が若いうちからあったんです。

だったら、内申点を上げるために生徒会長に立候補しよう。あるいは「下手な鉄砲も数撃てば当たる」方式でバカみたいに受験しまくろう。そういう発想に自然となりました。実際、僕は大学進学にあたって57校も受験しましたよ。「そんなに受けるの大変じゃない？」って周りからは呆れられたけど、僕から言わせれば受験勉強をやるよりははるかにマシ。それくらい努力を避けて生きてきたんです。まぁ結果は甘くはなく、あえなく全滅となりましたが（苦笑）。

テレビに出ると、つくづく思うんです。タレントも歌手もモデルもスポーツ選手も、プロって押し並べてとてつもない才能の持ち主。そんな人たちが必死に自分の得意な分野で努力している世界ですからね。そのレッドオーシャンに「じゃあ私も……」って軽い調子で入っても、返り血を浴びるだけです。

これって一般社会でもまったく同じことが言えるんですよ。なんでわざわざ競争率が高いところに自分から突っ込んでいく必要があるのか？　そんなところで頑張っても苦しいだけじゃないですか。

だから、もう割り切ったほうが楽になれますよ。自分がやりたいこと以外はやらない。せいぜい適当に流して、話を合わせるくらいでOK。僕の場合だったら、芸人ではあるけれど通し稽古なんて最低限の段取り確認しかしない。

逆に好きなことって、時間が経つのを忘れますよね。頑張っていても、自分ではそれを努力とは感じないじゃないですか。「好きこそものの上手なれ」って言葉もあるように、苦しいことをわざわざ頑張るって状況として相当いびつだと思う。

自分の好きな道をとことんまで突き進む。そうしたら他の人が誰も追いつけない地点まで到達できるはずです。周りがあなたを評価してくれるのは、まさにそういうポイントなんですよ。なるべく嫌なことは避けて生きる。もう無駄な努力は金輪際やめましょう!

原則2 損だけは絶対にしたくない!

僕は仕事でもなんでも、目の前の損得勘定とは少し違う観点で、長期的に考えて自分のマイナスにならないか見極める傾向があります。例えば得意ジャンルじゃなかったとしても、あとで別の仕事やなにかに結びつくことがありそうだったら頑張る。

もちろんどんな仕事でも、100％全力で取り組みます。やった仕事がちゃんと成立していないのは一番の損になるから。でも最初から成立しないとわかっているんだったら、損するから受けたくないんです。自分がうまくできそうにないことには最初から手を付けたくない……。

そのへんの見極めは結構敏感なほうだと思います。「これ損しそうだな」みたいなアンテナは常に張っていますね。なんでもかんでも「やります！」「頑張ります！」と突っ込むのではなく、ときには勇気ある撤退も大事だということです。

例えば上司から飲みに誘われたとき、最初から意味がないとわかっているんだったら、義理でつき合う必要なんてないんですよ。完全に時間の無駄じゃないですか。断ると仕事上で気まずいというのなら、それっぽい理由をつけて相手の気分を害さないようにしたほうがいいとは思いますけど。

絡んだら損する奴とは、最初から絡まない。行ったら損する場所には、最初から行かない。これは一種の危機管理能力ですよ。リスクを避ける際、一番大事なのは己の嗅覚。「これは触れても大丈夫なのか？　損しないのか？」と考える習慣を身につけると、事故は起こりづらいはずです。

原則3 僕は絶対に悪くない！

この本の中でも散々触れている考え方ですね。補足説明すると、大事なのはちゃんとした〝言い訳〟を作ることです。

例えば番組で滑ったとします。そして「お前のせいだ」と罵られた。でも、そこで「いや、僕はきちんと台本通りやりましたけど」と言い逃れできる状況にしておくことが大事なんです。

責任転嫁にも一流から五流まであって、僕レベルになると「ここまでやったんだから仕方ないな」と相手に納得してもらうことを考える。実際、番組収録前は台本を読み込むだけじゃなく、共演相手の下調べとかも綿密にやるほうですしね。とかく文句を言われがちな僕だからこそ、逃げ道は自分で作らないと。

大体において「お前のせいで失敗した」と責めてくるような上司は、うまくいったところで「全部、俺様のおかげ」くらいのことを言い出すんです。そんな人と正面から向き合うなんて不毛ですよ。失敗したら、バカ上司が全部責任を取るべきです。

第4章

日本一の炎上男からのメッセージ

SNSは凶器

SNSを利用するすべての人へ、今は被害者にも加害者にもなる時代

これまで僕がＳＮＳでアンチから散々叩かれてきたという話をしてきましたけど、ネットでのコミュニケーションって、はっきり言って対面より難しいですよ。

ネットを使えば世界中の誰とでも繋がれるというのは幻想に過ぎない。「現実社会でコミュ障の人が、ネットで急に人気者になる」というのは絶対に無理とは言わないまでも、かなり難易度が高いでしょうね。ネットだと、よりシビアにバランス感覚が問われることになりますから。

今はどんな人でも急にインフルエンサーになったりすることがザラにあるじゃないですか。そうすると、まだ自分が注目されていなかった時代にハードなことを好き勝手に書いていて、それがあとからほじくり返されて問題になるというパターンがすご

く多くて。

本来、有名人であってもなくても、書いたらダメなことは同じなんですよ。だけど一般人だったらギリギリ見逃されていたことが、人前に立つようになると一発レッドカードを食らうことになる。

一度、ネットで標的にされると挽回するのはめちゃくちゃ大変なんです。揚げ足を取ろうとしている人たちは、表現はおかしいかもだけど「誹謗中傷リテラシーが高い」というか「悪口のエリート」。そこと対等に渡り合おうとしても、こっちが疲弊するだけですからね。だから悔しい思いをしても、相手にしないのが基本姿勢としては正解。

アイドルとか声優さんとか配信者でも、ネットのアンチによってメンタルをやられるケースがあとを絶ちません。はっきり言ってアンチなんて全体の数パーセントくらいだし、応援してくれる人のほうがはるかに多いわけだから、無視していいんです。だけど、そういう話じゃないみたいなんですよ。怖くて仕方ないらしいんです。目に見えていない人の反対意見に対する耐性が低いんでしょうね。特にネット配信者とかライブアイドルだと事務所や所属団体を通していないことも多いから、批判がダイレクトに自分に届きますし。

今はいわゆる一般人といわれる層と、表現者の境目がすごく曖昧になっているじゃないですか。

キャバクラ嬢だってネットで叩かれるし、ラーメン屋さんや歯医者さんなど、どんな職業だってネットで総攻撃される対象となる。

以前は政治家やスポーツ選手を叩いている立場だった人たちが、一転して自分も叩かれる可能性があるのが、現在のSNSなんです。「私は関係ない」なんて通用しませんよ。誰しも被害者にも加害者にもなりえる時代。

ひょっとしたら、あなたの子供が知らない間にネットいじめの首謀者になっている恐れすらある。下手したら、その誹謗中傷で相手が命を落とすかもしれない。

例えば板前さんは料理を作ってお客さんに提供しますよね。その時点で自分の料理を世に問うているわけです。それが第三者の手によってネットにアップされたら、発信者と同じ扱いになるんですね。

「俺は板前だから料理を作っているだけ」という意識でいても、悪意のある人が現れて「この料理、虫みたいで汚いな」とか書き込んだらアウト。様々な炎上案件と同じ構図です。


だから今の時代は、板前として厨房に立った時点でアンチが現れることを前提に考えたほうがいいのかもしれない。そこまで準備しておかないと、いざというときに受け身が取れないですから。そこでオロオロしながら中途半端な反論なんてしたら、ますます炎上に拍車がかかって収拾がつかなくなる可能性がある。

バスの運転手さんだって、保育園の先生だって、電話オペレーターの方だって炎上する可能性は大いにありますよ。

「クロちゃんは芸能人だから特別でしょ?」と思っているかもしれませんが、みんな、僕みたいになる可能性はあるという意識でいたほうがいいんじゃないでしょうか。
それが、日本中からバッシングされてきた僕からのメッセージです。

しょせんはSNS　〝ネット免疫力〟を高め、バッシングのショックに備える

繰り返しになりますが、僕はSNSのエゴサが好きなんですよ。めちゃくちゃするほうだと思います。

僕みたいな嫌われ者は極端かもだけど、人前に立つ仕事をする人が自分の名前で検索をかけると、うんざりするようなことが特盛状態で書かれているんですね。だからエゴサは一切しないという人も多いです。

それは一種の防衛法になっているのでしょう。実際、エゴサをして精神を病んじゃう人も多いですし、だったら最初から見なければいいという考えがあるのは当然といえば当然です。

でも十分に気をつけていても、どこかでうっかり自分の悪口が目に入ることはある

じゃないですか。そのとき〝ショック死〟しないように、免疫をつけておいたほうが僕自身はいいと思うんですよ。

だって、例えば「バズる」って言われるような状態に一度なると、現実問題としてSNSから目を伏せることは不可能ですからね。嫌でも目に飛び込んできちゃいますよ。

インターネットはファンタジー。僕はそう考えているんです。

目の前にいる人から「お前、バカだな。死ねよ」って急に言われたら僕もさすがに怒るでしょうけど、ネットを通じてだと「まぁしょせんツイッターだしな」って流せてしまう。

「死ね」ってネットで書き込んでくる人も、現実社会であなたの前に立ったら、面と向かって同じことはおそらく言えないです。5ちゃんねるとかではアイドルの悪口が山のように書かれているけど、実際の握手会で面と向かって罵る人は本当にごく少数。当たり前ですが、本人に直接悪口なんて言ったら、確実に嫌われますから。わざわざお金を払ってまで好きなアイドルに嫌われたい人はレアでしょう。「悪口を書き込んでいる人も、実際に目の前ではどうせなにも言えない」と考えれば気が楽じゃないですか。

エゴサーチをして出てきた悪口も、100%の状態で受け取らずにいられるように鍛えられれば、いずれ芸の肥やしになるはずです。アンチさえも養分にしていくしたたかさでSNSを使う。それくらいがちょうどいいかもしれません。

そう考えるとネットに対する距離感の取り方というのは、かなり重要なポイントかもしれませんね。

例えば「ブス」って書かれたとき、「こんなふうに言われちゃったから、もっと頑張ろう」と前を向ける子と、「私なんて生きている価値がない」ってふさぎ込む子がいると思うんですよ。これはもう性格の話になってくるかもしれませんが、悪口をしたたかに受け止め、自分のキャラ確立に活かせることができれば最高じゃないですかね。

アイドルの中には自分の名前でエゴサするとき、「〇〇（自分の名前）可愛い」とかポジティブな言葉を並列して調べる子もいると聞きます。これだったらあまり病むことはないだろうし、免疫をつけるためにまずはそこからスタートするのは手かもしれません。

だけど、なにを見ても闇落ちしてしまう、とにかく〝ネット免疫力〟が低い人は、どうすればいいのか？

これはもうSNSから離れるのが一番いいでしょうね。「そんな簡単に離れられないから困っている」と言うかもしれないけど、それでも電源を切るなりして、強引にしばらくは触れないようにしたほうがいい。職業にもよるとは思いますが、しばらくSNSに触れなくても大抵の人は生活に支障はないはずです。

あとは「自分の間合いで戦う」ことで有利に進められる面もあります。メンタルの波が「しんどい↓しんどい↓超しんどい↓しんどい↓ちょっとマシ↓しんどい↓しんどい」といった調子で続いていたら、その「ちょっとマシ」のタイミングで嫌なことに触れるようにする。それだけでもずいぶんダメージは軽減されるはずですよ。

SNSだけじゃなく、LINEだって同じです。苦手な人から連絡が来ているのに気づいて、それを受け取る勇気がなかったら開かない。忘れたふりをする。それで一呼吸置き、少し自分の心に余裕ができたタイミングで既読にするんです。

ときに話したくない相手から電話が来ることもありますよね。「うわ、出たくねぇな」と思うでしょうけど、それも自分の心を落ち着けてから折り返すようにする。それだけで少し楽になると思います。

加害者意識がないSNS攻撃、芸能人の不倫を叩く理由は？

誹謗中傷には慣れっこになりつつある僕ですが、さすがにビビった出来事があったんですよ。

家のドアノブにお菓子がかけてあって、ドアにはセロテープで絵が貼りつけられていた。子供が描いたようなクレヨンの絵で、そこには「お前なんて地獄に堕ちればいい」とかいう文章が記されていて……。

だけどその絵や文字というのは〝子供風〟ではあっても、よく見るとあきらかに大人の手によるものだとわかるんです。

結局、その犯人は確定しましたけどね。後輩芸人のツイッターに「最近、クロちゃんの家にイタズラしてやった」とか書き込んでいた人がいたから調べてみたら、案の定、そいつだった。

さすがに警告しましたよ。「こんなことやっていたら訴えられる可能性があるし、下手したら逮捕されますよ」って。そうしたら「すいません。軽い気持ちだったんです」とか必死で弁明していましたけど。

悪ぶれていないというか、加害者意識がまったくないんです。そこがゾッとしましたね。だってその程度の感覚でやっているなら、誰でも犯罪者になる可能性があるってことですから。

もし深く考えずにSNSなどに悪口を書き込んで、当人が追い込まれて自決してしまったとします。「まさかこんなことになるとは……完全に取り返しがつかないことをしてしまった」ってあとから青ざめたところで遅い。やっていることは明確に犯罪行為ですからね。

こういう悲劇が、この国ではあまりにも多発しているんです。

芸能人の不倫を「けしからん！」って叩いている人も、ちょっと立ち止まって冷静に考えてほしいんです。

正しいことをやっていると自分は考えているんでしょうけど、それ、あなたがやる必要が本当にありますか？　非難が行き過ぎているってことはないですか？　そもそもあなたの情報ソースは正しいんですか？

ツイッターのバイトテロ、タレントの誹謗中傷で情報開示……自分とは関係ない世界の話だと思ったら大間違いです。ネットの悪質な書き込みで賠償金を払わされるような判決がニュースで散々報じられているのに、自分は関係ないと思っている人が多いから、一向に同様の事件が減らないんですよ。

うっかり逮捕される可能性があるということに、もっとみんなも危機感を持ったほうがいいと思いますね。

政治家の不正を叩くのは、まだわかるんです。それは明確な正義感でしょう。日本国民として間接的に被害を受けているという見方もできるでしょうし。

でも「クロちゃんが写真を加工して脚を長くした」みたいなどうでもいいネット記

事に対して鬼の首を取ったように怒り狂って追及してくる人は、そのモチベーションが理解できないんですよ。そもそも僕からすると「そんなの記事にする？」っていう疑問もありますが（笑）。

ヤフコメ民っていうんですか？　Ｙａｈｏｏ！ニュースのコメント欄で、あらゆる著名人に噛みついている人がいるじゃないですか。

おそらくああいう人たちは思考が特殊だと思うんです。森羅万象、あらゆることをネガティブに捉える性質があるはずなので。僕は習慣として、ムカつくことがあっても「待てよ。でも考えようによってはプラスになることもあるかもな」ってポジティブに捉えようとしている。その逆パターンなんです。だからヤフコメ民たちの人生が幸せなのか？　ちょっと心配になりますね。

もちろん人間に感情がある以上、誰かにムカついたり、許せないって思うことは自由です。その感情は僕だってあります。でも激情して書き込むという行為に対しては、「ちょっとその前に深呼吸してみたら？」って言いたくなりますよね。

硫酸やチェーンソーを扱うつもりでSNSに触れてほしい

それでもどうしてもSNSで悪口を発信したいと言うのなら、その判断基準としては「その書き込み、あなたの子供や親に見せられますか?」ということでしょう。周りの友達に知られたとき、「えっ!? お前、そんなこと書き込んだの?」ってギョッとされるようなことをしたら人として恥ずかしいですよ。ダサすぎる。

自分の場合で考えたとき、もし頭に来る人がいたとしても、そこまで目を背けたくなるような罵詈雑言はネットに書かないです。それは注意しているとか気をつけているとかじゃなくて、書くことができないという話。だって僕の意見をムカつく相手だけじゃなくて、不特定多数の人が目にするわけじゃないですか。それを想像すると、やっぱり自分で自分にブレーキをかけてしまう。

結局、ツイッターになにかを書くというのは、全国放送の地上波でコメントするのと同じことなんです。間違えた発言をしたら、取り返しがつかなくなる。

そのツイッターに書いた悪口を、例えば『サンデー・ジャポン』とか『朝まで生テレビ！』で顔を晒して同じように発言できますか？　それくらい慎重になって書き込まなくちゃいけないいんだけど、そこまでの意識がある人は少ない気がします。

包丁に罪はないけど、使い方を間違えると人殺しの道具になってしまうじゃないですか。それは僕たちの生活に欠かせない車だって同じこと。ネットも同じように考えてほしいんです。硫酸やチェーンソーを扱うくらいの慎重さでSNSに向き合ったほうがいい。SNSはバカ発見器とはよく言ったもので、「自分はバカですよ」って世界に発信しているようなものですからね。

今はネットの書き込みがどんどん厳しく制限されるようになっていて、情報開示請求も簡単にできるようになっている。法的措置を取られることだって非常に多い。この流れは今後もますます加速化していくことでしょう。

そういった危険性に加えて、「幼稚なことを書いている奴」ということで社会的信用も失うことになるでしょうね。一度書いたらずっと消えないデジタルタトゥーによって、一度でもアウトな書き込みをしたら社会から孤立してしまうかもしれない。でも、気づいたときにはすでに遅いんです。もっと危機感を持ったほうがいいと思いますよ、ホントに。

僕の脚加工写真の件だったら、「そんなのなにが面白いねん！」みたいなツッコミは全然アリ。でも「ムカつくから死ね！」まで行っちゃうとアウト。これはセンスとかいう前に、常識の問題です。あるいはモラル観の話。

ネットに文句を垂れ流している人側にも悩みがあるのかもしれない。重度のストレスを抱えているとか……。

僕に向けられた憎悪に満ちた書き込みを眺めていると、呆れると同時に、可哀想だなという気持ちも湧いてくるんです。もしかしたら、こっちが想像つかないほど、重くて深い闇を抱えているのかもしれないなって。

第5章

波乱の半生記

クロちゃんがクロちゃんになるまで

性別は男かもしれないけど、可愛い女性アイドルになりたかった

僕、たぶん地頭は悪くないと思うんですけど、テストの点数はよくなかったんですよ。勉強していなかったから当然なんですが。

それで高校のときに親も含めた進路相談があり、僕は「勇者になります」と伝えました。勇者になるというのは中学の三者面談でも言いましたね。自分の中では、それだけ一貫していたんです。描いていたイメージとしては、アマゾンの中で5人1組の勇者たちが冒険し、川の中で謎の芸術作品を発見する……そんな物語。それを本気で考えていたんだから、今思えばイカれていました。

大学を目指したのは〝時間稼ぎ〟です。いつまでも「勇者になる」と言っていても周りは納得してくれないし、かといってまだ働きたくもなかった。だから、とりあえ

ず進学することに決めたんです。

若いうちって将来のことや進路で悩むってよく言いますけど、僕に限ってはお気楽なものでしたね。ほぼなにも考えていなかったと思う。いざとなったら親が助けてくれると甘えていたし、それがダメでもパチンコで生活すればいいかって漠然と思い描いていました。そのへんは周りの同年代よりも精神的に幼かったのかもしれません。

でも若者特有の根拠なき自信というのはたしかにあって、自分は何者かになれると信じていたんですよ。例えばライブハウスに出たり、具体的になにかをやっていたわけでもないんですけどね。今だったら学生のうちからTikTokやYouTubeで発信できるけど、僕の学生時代はSNSなんてなかったですし。

今は「好きなことで生きる」というのが時代のキーワードになっているじゃないですか。僕の場合は自分が好きなことをやり続けていたらそれが職業になっただけで、今のポジションを得るために逆算して努力したということは一切ないんです。全部、結果論。やぶれかぶれの精神で毎日を過ごしていたら、いつの間にか周りが評価してくれるようになったというか……。

だから進路とか就職について偉そうなことは一切言えないけど、少なくても僕の場合、好きなことしかやらなかったことがプラスに作用した部分はあります。周りに迎合しなかったから、なにか独特のものが生まれたんでしょうね。

もともと僕が芸人志望じゃなくて、アイドルになりたかったということは、これまでもいろんなところで語っています。ただ、これに対してはいまいちイメージが湧かないという声も多いんですよね。この前も、あるタレントさんに言われました。

「たしかに写真を見ると若い頃のクロちゃんってイケメンではあるけど、口髭とか生やしたワイルド系だよね。ジャニーズみたいな感じでキャーキャー女の子に騒がれる姿が想像できないんだけど」

もちろん言ってることはわかるんですよ。僕の時代はEXILE TRIBEもK－POPもなかったから、「アイドル＝ジャニーズ」みたいな印象は強かったですし。でも僕がなりたかったアイドル像は、ジャニーズと少し違うんですよね。

出発点がアニメの主題歌ということもあって、僕が好きになるアイドルは声の要素が大事なんです。松田聖子さん、荻野目洋子さん、榊原郁恵さん……。それから『魔法の天使クリィミーマミ』もアニメとアイドルを繋ぐうえで重要な作品でしたね。

僕は性別としては男かもしれないけど、アイドルとしてなりたいのはそういった可愛い女性アイドルの流れでした。強いて近いイメージを挙げるとしたら、LADYBABYの男性メンバー・レディビアードさんあたりですかね。あの人からもう少しコミカルな要素を抜いて、王道路線に寄せた感じで。

あとは『もののけ姫』を歌っていた米良美一さんの存在も意識しました。「男なのにあんな高い声が出せるなんてすごい！」と騒がれていたから、「それなら俺だって！」と刺激を受けたんですよね。米良さんと同様、自分も世界に通用するような歌手になりたかった。

要は光GENJIとか男闘呼組みたいになりたかったわけではなくて、新しいアイドル像を作ろうという野望があったんです。自分の最大の特徴である甲高い声を活かして、女の子以上に女の子っぽくなりたかった。

そうした中、大阪の松竹芸能で「アイドル部」というものが発足し、僕はそこに応募したわけです。当時、松竹以外にも10社くらい書類は送りましたよ。ちなみにアイドル部のプロジェクト自体は、正式に誰もアイドルとしてデビューすることなく自然消滅してしまいましたけどね。

そこからはご存知の方も多いと思いますが、気づいたら松竹のアイドル部門ではなく芸人部門に放り込まれ、あれよあれよという間にデビューさせられたというわけですね。もとより行き当たりばったりだった僕の人生は、いよいよここからダッチロール状態に突入していくことになります。

26歳、初めてのキス
相手の口に息を吹き込んだ

恋愛に関しては、完全に奥手なほうだったと思います。初めて女の子とまともにつき合ったのは27歳のこと。ちなみに初キスは26歳のときでした。キスのやり方がわからなくて、人工呼吸みたいに相手の子の口に息を吹き込んだんですよね。アニメだとキスされた女の子は頬を赤く染めていたから、「こうすればいいのかな?」って試してみて。その子、すごく怒っていました。

その27歳より前は恋愛に興味なかったかというと、そういうわけでもないんです。でも、生身の人間には興味がなかった。3次元じゃなくて2次元に恋していた。

当時の僕からすると、街を歩いている女性が綺麗だとは思えなかったんですよ。アダルトビデオも観たことあるけど、どうもダメでした。アニメとか漫画の世界が綺麗すぎるから、ＡＶで女の子に体毛が生えているのを見てショックを受けたんです。ましてや性風俗なんて論外。絶対に無理でしたね。自分の童貞を大事にしたいと思っていましたし。のちに僕はキャバクラ大好き人間になりますけど、当時の僕がそのことを知ったら卒倒するんじゃないかな。

もちろん僕だって思春期に入ると、人並みに性の目覚めはありましたよ。『パソコンパラダイス』というエッチなゲーム雑誌を読んで興奮したり、あとは漫画家の遊人さんも好きでした。

3次元の女性が怖いから2次元に逃げるという話ではないんです。最初から2次元にしか興味がなかった。その頃は冗談抜きで自分も2次元に住みたいと思っていましたし。女の子の友達は普通にいっぱいいたけど、恋愛対象ではなかったですね。

そんな調子で「アニメイト」に入り浸って好きなキャラの下敷きを何枚も買ったり、『美少女戦士セーラームーン』や『うる星やつら』のポスターを部屋に貼ってニヤニヤしていたら、20歳の誕生日に母親が号泣しながら懇願してきたんです。「頼むから生身の人間を好きになってくれ！」って。これには僕も驚きました。

その一件があったので、20歳のときは女の子に告白したこともあるんです。相手は同じ短大に通っていた車椅子の子。学校の教室が2階にもあったんですけど、エレベーターはついていなかったから、2人がかりで車椅子を運んであげたりしまして。そうこうするうちに「守ってあげたい」という気持ちが芽生えてきたんですよ。

学校はお寺が隣接していたので、境内を散歩したんです。そのときは女友達がもう1人いたんだけど、その子には途中で帰ってもらって、ドキドキしながら好きだということを伝えました。

結果ですか？　ダメでしたよ。フラれたというよりは、なんだか微妙にはぐらかされた感じ。それで普通に友達の関係へ戻りました。ほろ苦い初恋でした。

かつての僕みたいに2次元しか愛せない人や、あるいはそもそも恋愛自体に興味がない若者って増えているらしいじゃないですか。すごく気持ちはわかるんです。それでいいじゃないかとも思いますし。ただ自分のことを振り返って思うのは、2次元も

3次元も好きになったことで、恋愛が普通の人の2倍楽しめた。

やっぱり生身の人間と恋をするって、アニメのようにはいかないですからね。『うる星やつら』ではラムちゃんが「好きだっちゃ！」とか諸星あたるに勝手にアタックしてくれるけど、実際は相手が予想もしなかった反応をすることもあるし、ときには面倒な駆け引きだって必要になる。

それが邪魔くさくて無理だというなら、また2次元に戻ればいいだけの話であって。食わず嫌いは結果的に損すると僕は思います。

僕は恋愛が得意じゃないという自覚もあるんですけど、それはスタートが遅かったというのも一因じゃないかと考えるようになりました。

小学生のうちにケンカをしたことがない人が大人になってから他人と揉めると、加減がわからず大怪我させてしまったりするじゃないですか。僕の場合も周りと同じような感じで中高の思春期に人を好きになっていなかったから、特殊な恋愛観ができてしまったのかもしれませんね。

第2の出川哲朗を目指さなくてよかった……芸人としての覚醒

気づいたら安田大サーカスも20年以上続いています。ここまで来るのに解散の危機だって何度かありました。

一番大きかったのは団長が結婚したタイミングかな。その頃の僕らは仕事的には団長に完全依存していて、そのくせギャラは3等分。今後、団長が家庭を持って子供ができる可能性を考えると、いつまでも僕とHIROくんが養ってもらうわけにはいかないと思ったんです。それで僕のほうから解散話を持ち出しました。団長、めちゃくちゃよろこんでいましたね。

ちょうどその頃、僕にソロでCMの話が来ていたんですよ。そうしたら、その話を聞きつけた団長とHIROくんがブチ切れましてね。「お前、自分のCMのギャラを

3等分したくないから解散したがっていたんだな！」と吊し上げ（苦笑）。しかもCMの話は直前で流れるし、もう本当に踏んだり蹴ったり。これで解散するきっかけを失ったという面はかなり大きいですね。

まぁでも長く続けないと見えてこないものもあるのは事実です。表現って長く続けないと深みが出ませんから。

最初、僕は騙されて嫌々芸人を始めただけでした。でも、途中から好きになってきたんですよね。関係者から「リアクションがいいね」とか評価してもらえることも増えてきたし、もちろん褒められたら僕だって悪い気はしません。

でも、同時によく言われたのは「あと10年デビューが早かったら」ということ。要するに、もっと早く生まれていればリアクション芸人として出川哲朗さんやダチョウ倶楽部の枠を狙えたという話なんです。あるいは『ビートたけしのお笑いウルトラクイズ!!』が残っていたら、もっと活躍できたはずだとか。

そこで腐るのは簡単ですよ。「時代が俺を求めていない」とか言って。でも僕は逆に燃えたんですよ。「だったら新しい時代のリアクション芸人像を自分で作ってやろうじゃねぇか」って。

それで仕事が減った時期もあったけど、やがてドッキリ系の企画が徐々に飛び込むようになって、毎回それを全力でこなしているうちに『水曜日のダウンタウン』から話が来るようになって……。

あの番組は完全にイカれているから、今の時代のギリギリのところばかり攻めるじゃないですか。本当に発狂しそうになることが何度もありました。でも『ビートたけしのお笑いウルトラクイズ!!』じゃなくて『水曜日のダウンタウン』だったからこそ、僕の持ち味が出たとも思っているんです。

もちろん今の「嫌われ芸人」みたいなポジションは、自分で望んだものではありませんよ。でも「第2の出川哲朗」に固執していたら、こんなに番組に呼ばれることはなかったと思う。だから結論として「10年遅すぎた」ということは全然なかったし、むしろ今の時代が自分に合っていました。というより、自分の力で歴史を変えていったんですよね。

今後、安田大サーカスはどうなるのか？　そう尋ねられることもたまにあります。正直、今は3人で一緒になる現場も少なくなってきているから、トリオという形式にこだわる理由は特にないんですよ。ソロで活動することも問題なくできるとは思う。でも、やっぱり愛着があるから安田大サーカスでいたいです。自分の帰る場所があるって安心できるので。昔はそれこそ団長やＨＩＲＯくんと毎日一緒にいたから、家族以上に家族みたいな関係だったんですよ。安田大サーカスは1人でも辞めるときが来たら解散でしょうね。

自分から解散を望むことはないだろうけど、もし自分の存在が足かせだと感じたら身を引くと思います。それくらい僕にとって安田大サーカスは特別な場所なので。解散しないよう、全力で走り続けないようにしなきゃと思っていますし。

今でも忘れられない光景があるんです。あれは何年くらい前だったかな。安田大サーカスの人気が低迷していた時期でした。

当時は仕事がなかったものの、それでも松竹芸能の会議室で打ち合わせとかネタ合わせを3人でやっていたんですね。それが終わって帰ろうとしたところ、普段は僕がタクシーで団長が自転車なんだけど、2人で歩くことになったんです。団長は自分の自転車を手で押していましたね。それで2時間くらいかけて東銀座から品川のほうまでテクテク歩きました。

なんてことはない光景なんですよ。会話の内容もなんてことはなかった。これからのことを努めて明るい調子で話して、たまには誰かの悪口とかも軽い調子で挟みつつ、なんとなく最後は「それでも頑張っていくか」みたいなことになった。でも、そのなんでもない2時間が僕にとってはとても重要だったんです。苦しいながらも、お互いに鼓舞し合っていたあの感覚は忘れられませんね。

僕たちの芸風というのは体力勝負のところもあるから、同じことを60歳~70歳になっても続けるのかという問題はあるかもしれません。でも僕としては（海老一）染之助・染太郎師匠が「おめでとうございま~す！」とやっていたように、いつまでも3人でくだらないことをやっていたいですよ。

ジジイになってバカバカしさに拍車がかかればいいなと思っています。

第6章

クロちゃん真の姿

関係者が徹底証言

「クロちゃんは、
昭和生まれの男性とは
思えないほど
SNSの使い方が戦略的」

証言1

高橋みなみ

Minami Takahashi

クロちゃんと親友関係を築いている高橋みなみ。
多いときで1週間に8回の頻度で会うなど、
濃密なつき合いを通してクロちゃんのパーソナリティを
熟知している貴重な存在でもある。
今回、友達関係を通して垣間見える、
クロちゃんの「凄み」や「戦略性」について話を聞いた。

2005年にAKB48の第1期メンバーとして活動を開始し、AKB48グループ初代総監督としてグループを牽引。2016年4月にAKB48を卒業し、タレントとしてテレビやラジオなどで幅広く活躍している。クロちゃんとは互いの家に行き交い、日々散歩やお茶を共にする親友関係。

――高橋さんがクロちゃんと公私ともに親しくおつき合いしていることは、つとに知られています。急接近した経緯から教えていただけますか？

高橋　最初はお仕事からです。クロは芸人さんで、ご存知のようにアイドルにとても詳しいのでAKB48の番組で共演するケースはたまにあったんです。もともとクロは前田敦子推しで、あっちゃんが卒業してからは松井珠理奈推しに変わりまして。私に対しては、完全に無関心だったと思います（苦笑）。私も当時はこんなに仲よくなるなんて想像していませんでした。クロに興味を持ったのは、やっぱりみなさんと同じように『水曜日のダウンタウン』の番組の影響が大きかったかな。本当に特殊な人だと思いました。

――クロちゃんの面白さに気づいてしまった？

高橋　もともと私、変わっている人に惹かれる傾向があるんです（笑）。「この人、何者なんだろ？　どんな人間性をしているんだろう？」と好奇心が抑えられなくなるんです。だからファンクラブのクリスマスイベントを開催するときに、私からMCをお願いしました。「忙しいと思うんだけど、クロちゃんに頼めないかな？」ってスタッフさんに相談して。

――実際にイベントを一緒にやってみて、『水曜日のダウンタウン』での印象と違いました？

高橋　まず「会話が成り立つのかな？」という不安があったんです。番組での様子がすごかったので……。だけど実際は普通に対話できるし、それどころかすごく気が合うなと感じました。だから私からすぐに「このイベント終わったら、ごはん行きませんか？」って誘いました。

――クロちゃんは「たかみなに逆ナンされた」みたいな言い方をしますよね。

高橋　でも、あながち間違いじゃないかもしれない（笑）。それくらいグイグイ行った気がします。それでクロは勘違いしたらしいんですよ。ラブ的な意味でモーションをかけられているんじゃないかって。

――図々しい話です。

高橋　いや、本当に（笑）。それでお店に来たら、そこには私の他に私の夫……当時はまだつき合っている段階で、クロとしては「は？　なんで彼氏がいるの？　俺、なんで呼ばれたんだろう？」と不貞腐れちゃって。ところが、ここで驚くべきことが判明するんです。クロと私の夫は同い年で、10年くらい前に何人かで偶然ごはんを食べたことがあったらしくて。夫が「僕、クロちゃんの連絡先も知ってますよ」とか言ったら、クロも身を乗り出してきて、そこからは意気投合ですよ。

――そういう流れがあったんですか。高橋さんとクロちゃんは散歩仲間としても知られていますが、旦那さんもよく一緒に歩いているみたいですからね。

高橋　今では私をスルーして、夫とクロの2人だけで会ったりしています。夫の存在は、私とクロの関係を語るうえでとても大きいです。

クロちゃんは抜群に頭が切れます、敏腕な経営者みたい

――高橋さんから見て、芸人としてのクロちゃんはどんなところに特徴があると思いますか？

高橋　クロはよく「もともと俺はアイドルになりたかった。芸人は騙されてなっただけ」って言うんです。だけどそのわりには、お笑いという仕事に対して非常に真剣に取り組んでいて。「こういう発言をしたら、世間からはこう見られるはず」みたいな自己分析を常に欠かさない。なにか芸人っぽくないんです。むしろ敏腕な経営者みたいな印象があって。クロは抜群に頭が切れます。これだけは間違いない

事実だと思います。

――そこを伺いたかったんです！　具体的には、どういうところで頭の良さを感じますか？

高橋　仕事はもちろんですが、ＳＮＳの使い方ものすごく緻密で戦略的。そもそも普通の人だったら、あそこまで叩かれたら耐えられないはずです。だけどクロは世の中の誰よりも叩かれているのに、その状況を楽しんでいる節すらあるんです。とても真似できない。

――たしかにＳＮＳの使い方はこなれていますよね。

高橋　昭和生まれの男性とは思えないほど抜群にうまい。TikTokでなにが流行っているかとか、私が教えてもらっているくらいです。なんていうのかな……〝新しもの好き〟とも少し違うんです。新たなメディアが出てくるたびに、意識的に取り組んでいるって本人も言っていましたし……。つまり自分の感覚をアップデートさせているんです。「世の中は確実に変わっていく。いろいろ知っておかないと、今は戦えない時代だからね」みたいなことは話していました。ここまでバラしたら、クロの営業妨害になるのかもだけど（笑）。

――それは『水曜日のダウンタウン』だけ観ていても、絶対に伝わらないですね。

高橋　戦略家で勉強家。クロって口癖のように「努力だけは絶対にしない」って言うんです。一方、私は総監督として「努力は必ず報われる」って言い続けてきました。だから正反対だねって周りからは指摘されるんですけど、実はそこも微妙なところではあるんです。というのも私、クロって相当な努力家だと睨んでいますから。本人はその自覚がまったくないでしょうけど。

――「実は陰で努力していた」なんて、本人は口が裂けても言わないはずです（笑）。

高橋　そんなの、言うわけがない。そういうのを一番嫌う人ですから。「ストイックなクロちゃん」なんて、あまりにも世間のイメージからかけ離れていますよね。

――先ほど、SNSの使い方が卓越しているという話が出ました。高橋さんも総監督時代は、SNSで病むメンバーの姿を見る機会が多かったはずです。クロちゃん流のSNS使用術で参考にすべき点はありますか？

高橋　参考か……。参考は難しいかもしれないです。というのもクロのSNSはあまりにも特殊なので、簡単に真似できるものではない。例えば私に関して言うと、卒業する少し前まではツイッターとかに触れもしなかったんです。叩かれるかもしれないのにわざわざ嫌な文字を目にしたくない。でも、それが普通の感覚だと思うんです。クロはそこが違うんですよね。ボロクソ書かれているのがわかっているのに、ニヤニヤしながらリプ欄を眺めている。まず、この時点で若いアイドルの子には真似できないじゃないですか。でもクロが本当にすごいのは、ここからなんです。

――どういうことでしょうか？

高橋　表面上は「死ね！」とか「クソ野郎！」とかひどい誹謗中傷されているようにしか見えないけど、実はクロってアンチとうまくつき合って、いじっているんです。ことあるごとに自分からわざわざ発火させて、バーッてすごい勢いで燃え上がらせる。で、アンチもそのうち楽しくなってくるんです。クロのツイッターのリプ欄、大喜利合戦みたいになっていますからね。「誰が一番気の利いた悪口を言えるか？」みたいな。クロ自身も「この人、うまいこと切り返すな～」とか褒めていますし。私から言わせると、クロのアンチは憂さ晴らしで叩いているだけの一般的なアンチとは少し違うんです。

――クロちゃんが変人だから、変人のアンチばかりが集まる？

高橋　いや、そうじゃないんです。クロがアンチを教育しているんですよ。教え諭している。私はこれを「アンチ・コントロール」と呼んでいるんですけど。

――アンチ・コントロール？　どういうことでしょうか？

高橋　以前、自分のアンチ同士がリプ欄で揉め始めて、途中から収拾がつかなくなったことがあって。ちょうどそのとき、私はクロとランチしていたんですけど、じっと携帯を見つめながら「これはよくないな……」とかブツブツしゃべっていて。それで「ちょっと伝えておくわ」とか言いながら書いたのが、「身内でケンカしないでほしい。それはすごく悲しいことなんだよ。叩くなら俺のことを叩いてほしいしん！」みたいな内容でした。

――言ってること自体はカッコいいです。正義感が強いんでしょうね。

高橋　アンチ・コントロールが進むとどうなるかというと、相手が最強の味方に生まれ変わる。例えばクロがコロナにかかったとき、山のような応援メッセージが寄せられたんですよ。「本当に死なないでくれ。お前の悪口を言えないと毎日が楽しくない」みたいな感じで（笑）。そんなの、もはやアンチとは呼べないですよ。

――それと同じことを若いアイドルたちに求めるのは難しいかもしれませんね。

高橋　だからこれを読んでいる方も、今すぐクロと同じレベルでメンタル管理できるかといえば難しいと思う。それくらいクロはすごいことをやっているんです。でも、参考になる部分は大いにあると思います。私自身も見習いたいところはたくさんありますね。

――それにしても高橋さんとクロちゃんは、すさまじい頻度で会っていますよね。これは単純にウマが合うということでよろしいんですか？

高橋　そういうことでしょうね、あまり大きな声では言いたくないですけど（笑）。なにせ多いときは週8ペースで会っていましたし。昼にお茶して、仕事が終わってからまた会って……。リスペクトする気持ちは当然あるし、一緒にいて楽っていうのもあるんです。お金の使い方や、物事の捉え方も似ているし。大体、私たちの行動パターンってお茶して散歩したあと、ネットニュースについて論じることが多いんですよ。そこでの話がめちゃくちゃ噛み合うんです。「いいセッションできたな」という手応えがあって。

――共感できるということですか？

高橋　基本的にはそう。でも、逆に私にない発想でハッとさせられることもありますね。やっぱりクロは芸人だし、私はアイドルをずっとやってきたから、着眼点が微妙に違うんです。例えば芸能人がスキャンダルを起こすとするじゃないですか。それについて2人で「ああでもない」「こうでもない」って話し合うんですけど、行きつくのは「じゃあ自分たちがこうならないためには、どうすればいいのか？」ということ。クロって「損したくない」という考えが強いんです。ネットニュースを見ながら「こういう発言をしちゃうと、結局、この人が損するんだけどなぁ」みたいなことをよく言ってますね。

――アイドルのことを話したりとかは？

高橋　もちろんします。家に遊びに行くと、アイドル関係の本が山ほどあるんです。あとは本人にしか読めないような汚い字のメモ帳もたくさんありますね。クロはライブ中はメモを取っていますから。私からすると、「メモを書く暇があるならステージを観たらいいのに」と思うんですけど（笑）。

――アイドルの知識量はすごいですよね。主催するアイドルイベント「クロフェス」も、出演者は自分で決めているみたいですし。

高橋　自分がアイドルになったことはないのに、アイドル目線に立つことがすごく上手なんです。かと思うとオタクが抜け出せない面も同時に持っているから、すごくアイドル観が独特。『水曜日のダウンタウン』の「モンスターアイドル」で豆柴の大群メンバーを決めたとき、カエデ（・フェニックス）ちゃんを落としたじゃないですか。結局、彼女は敗者復活しましたけど、あのときも「ここでメンバーになると、カエデにとってよくない。あとで絶対に苦労する」って珍しく真剣に怒っていました。「俺もアイドルファンだからわかるんだよ。現役のメンバーが運営と恋愛してよろこぶ奴なんていない」って。

本当にただのゲスだったら、ゲス芸人なんてできっこない

――高橋さんとクロちゃんは、音声アプリ・Clubhouseでも盛り上がっていました。

高橋　すごい勢いで配信していましたね。36日連続でやっていました。半ばムキになって、仕事終わりのタクシーの中からログインしたりもしていましたし（笑）。背景として大きかったのは、やっぱりコロナ。3年前の春あたりは緊急事態宣言も出たことで、ロケの仕事が飛んだり、スタジオでも収録できないことが多かった。クロや私は仕事をすることでメンタルを保つタイプの人間なので、結構キツかったんですよね。クロ、あのときは相当ダウンしていましたよ。

――それも意外な一面です。仕事人間のクロちゃんが、働けなくて落ち込むという構図でしょうから。

高橋　そうかもしれないですね。それで私も励ますような感じで「これ、やってみない？　ラジオみたいで楽しそうだよ」って始めたんです。そのうちリスナーの人から「日々の活力になっています」みたいなコメントも届くようになり、そうなると私たちもやめるにやめられなくなっちゃって（笑）。当時は他のタレントさんも時間があったから、いろんな方がゲストで来たんです。ビビる大木さん、チュー

トリアル・徳井（義実）さん、有吉弘行さん、若槻千夏さん……。「これ、テレビより豪華じゃん！」ってコメントも流れてきました。

――事務所とか企画書を通さないで、タレント同士が突発的に繋がっていく様子が画期的でした。

高橋　コミュニティが広がっていく感じが、すごく面白かった。実はClubhouseでは、〝裏テーマ〟というのが私とクロの間であったんですよね。それは「生放送で事故を起こさない」ということ。あの頃は記者の方もリスナーに紛れていたし、「Clubhouse内での発言は外に出さない」というルールは一応あるものの、迂闊《うかつ》なことは言えない状況だったんです。「面白いことを言いつつ、でも決して一線は超えない」というさじ加減は意外に難しいんです。私とクロに圧倒的信頼関係があるからこそ成立するわけで、「ここから先は事故るよね」という感覚が似ていたんだと思います。

――クロちゃんのプロフェッショナルな一面に、改めて感服したということですか。

高橋　プロ意識はとても高いですよ。ちゃんとしていなかったら、今の位置にいないです。本当にただのゲスだったら、ゲス芸人なんてできっこない。なにかクロの営業妨害になるようなことばかり言っている気もしますけど（笑）。

人間性に関して言うと、恋愛面以外はパーフェクト

――いや、最高です（笑）。他に高橋さんから見てユニークだなと感じる点はありますか？

高橋　あの人、友達がとても少ないんですよ。本当にビックリするほど交友関係が狭いんです。その中で私は非常に不名誉なことではあるんですけど、クロちゃんの交友関係において三銃士だか四天王の1

人に任命されまして（笑）。結局、大人数でいることが苦手というか、1人でいることが好きみたいです。クロってたまにツイッターでポエムを書くじゃないですか。それで私が「どうした？　病んでるのか？」とか冷やかすと、「たまに1人になって暗闇を見つめないとダメになるんだ」って言うんです。人がいっぱいいるところにいると、人間として弱くなるというのがポリシーらしくて。

――人間嫌いという話ではないんですかね。

高橋　う～ん、社交的ではあるんですけどね。最初のうちは私が誘っても大人数で集まるような場には出なかったんです。でも何度も声を掛けるうちに、顔を出してくれるようになりました。クロ、お酒を飲むと本性が出ることがあるんです。私の夫とか友達とか仲がいい人たちが集まっている中、楽しく盛り上がっているうちに泣き出して……。

――なにかきっかけがあったんですか？

高橋　それが前後の脈絡もなく、唐突に号泣し始めるんですよ。「みんな、出会ってくれてありがとうね。気がついたら、俺にもこんなに仲間ができた。本当に感謝しています」とか言って。それを見て私と夫は大爆笑しているんですけど。

――孤高を愛する一匹狼でありながら、人一倍、寂しがり屋の面も持っている。

高橋　そこだけ切り取ると、完全なサイコパスですけどね（笑）。そういうところも人間っぽくて私は好きです。性格とか人間性に関して言うと、恋愛面以外はパーフェクトだと思います。どういうわけか、恋愛だけは呆れるほどダメダメですけど。

――意外にモテる気もするんですよ。収入も社会的地位もありますし。

高橋　確実にモテるでしょうね。それは私の女友達もみんな言っています。私がなにげにすごいなと思ったのは、女の子と買い物に行くのが苦じゃないこと。私たち2人は一緒にいる時間が長いので、「ごめん、ちょっと化粧品を買っていい？」みたいなこともあって。そういうときは一緒についてきてくれて、「おっ、いい色だね」みたいに意見までくれるんです。メンズって女の人が買い物しているとき、外でつまらなそうにしていることが多いですが、クロはすごく優しいし、ジェントルマンなんですよね。事情を知らない店員さんからしたら、「もうすぐ2人は結婚するのかな」くらいに感じるかもしれない（笑）。

――しかし、現実は連戦連敗です（※取材は2022年11月）。

高橋　だからそこは難しいところで、クロのことを好きになる人をクロは好きじゃないんです。愛されたらその愛を受け取ればいいのに、それができない人なんですよね。恋愛のときは天邪鬼体質が炸裂するので。

――最後にクロちゃんにメッセージをお願いできますか。

高橋　私が心配しているのは、クロの身体のことなんです。半端じゃなく仕事量が多いですから。しかも朝4時に起きて、トレーニングとかしていますし。じっとしていられない体質みたいで、とにかくなにかやっていないと気が済まないみたいなんです。ちょっと時間が空いたら、SNSを更新したり、1人でボルダリングやったり、パチンコやったりしている。本人にしてみたら息抜きかもしれないけど、「そんなに生き急がなくてもいいのに」って私なんかは思っちゃうんですよね。だから「たまにはゆっくり休んでください」というのがメッセージというか、私からの切実なお願いかな。あと結婚に関してはどうせうまくいかないと私たち夫婦は考えているので、どこにも行く場所がなくなったら、我が家で一緒に暮らそうと伝えたいです（笑）。

証言2

藤井健太郎

『水曜日のダウンタウン』演出

Kentaro Fujii

「嘘つきではあるけど、被害者がいるわけではない」

クロちゃんが国民からバッシングされるきっかけとなった、『水曜日のダウンタウン』。「クロちゃん嘘ツイート監視企画」「フューチャークロちゃん」などの企画では、クロちゃんを1週間24時間監視し、クロちゃんが日常的にいかに嘘つきツイートを繰り返しているかを可視化。また、2022年12月に放送された「モンスターラブ」のような恋愛シリーズ企画では、クロちゃんの女性に対する〝異常な行動〟が余すことなく映し出され、SNSでは悲鳴が飛び交った。現在のクロちゃん像を形成したと言っても過言ではない『水曜日のダウンタウン』を手掛ける、藤井健太郎ディレクターから見る、芸人・クロちゃんとは？

クロちゃんのポテンシャルに気づいた瞬間

――藤井さんが手掛けている『水曜日のダウンタウン』によって、クロちゃんのダメさ加減さがお茶の間に知れ渡った面は大きいと思います。しかし一方、番組制作過程で気づいたクロちゃんのリスペクトできる面もありましたら、ぜひ教えていただきたいのですが。

1980年生まれ。テレビディレクター。2003年にTBSに入社し、『リンカーン』などのディレクターを担当。現在は『水曜日のダウンタウン』『クイズ☆タレント名鑑』、『クイズ☆正解は一年後』の演出を担当している。

藤井　基本的にすごく真面目な人ではありますよね。ああ見えてスキャンダルになりそうなこともまったくないし、そういった危険性に対しては人一倍気を遣っているタイプだと思います。一緒に仕事をしていても手を抜いているなと感じる瞬間はないし、芸人としてはカメラの前とそうじゃないときの差が大きいタイプでもないので、それで真面目な印象が残るということは、人間として実はちゃんとしているのかもしれません。

――たしかに仕事に対してストイックという意見はよく聞きます。

藤井　活躍の場があういう感じなので、やらせ的な疑いだったりとか番組の裏側みたいなことを聞かれることも多いと思いますが、そういうところではなぜか必要以上に口が堅いところがあります。画面に映っていること以外は無駄に語らないし、見せないという意味ではレスラーっぽくもありますよね。別に言われてマズい裏側もないいんですけど、そういうところも変に真面目だったりはしますね。

――プロレスラーということに関していうと、あえて自分が悪役を演じていることで視聴者をヒートさせているという見方はできないですか？

藤井　もちろんなくはないと思います。芸人さんなので、やっぱり盛り上がることを第一に考えているとは思いますし。でも、悪役を「演じる」というのとは少し違う気がしていて、例えばツイッターでの嘘の数々も、クロちゃんはずっと人知れずやっていたことなので。たまたま番組で取り上げたから「嘘つき芸」みたいになっていますけど、番組からのツッコミもなく黙々とやってるのはシンプルにヤバい奴じゃないですか（笑）。

――そもそも「クロちゃん＝嘘つき」というイメージも、『水曜日のダウンタウン』が取り上げなかったら世に広まらなかったはずです。

藤井　最初に番組で嘘つきぶりを暴いたとき、たぶんツイッターのフォロワーは1万人もいなかったと思うんですよ。失礼ですがそこまで人気者という感じでもなかったのに、何千人かのフォロワーに対して淡々と嘘をつき続ける薄気味悪さ（笑）。それを考えると、やっぱりめちゃくちゃ変な人ではあると思います。

――嘘をつく目的がわからないですよね。

藤井　目的もそうだし、誰に向けて嘘をついているのかも謎。その時点ではまったくエンターテインメントになっていないし、その後になる目算があるとも思えないのに、平然と嘘をつき続けるのはやっぱり異常だと思います。でも、ドッキリに関しては、最初は日常にカメラが入ることに常人並みにストレスを感じていたようです。そういうことであれば、こちらとしても嫌がる人に無理やり隠し撮りなどを行うことはないんですが、どこかのタイミングで「気にしても仕方ない」と開き直ったみたいで。今では「すべてを晒して生きていく」って、覚悟を決めたんだと思うんですよ。

――そこは一種のプロ根性かもしれません。今は番組側が仕掛けた24時間体制の監視カメラも自宅マンションに備わっていますし……。藤井さんは、どういうかたちでクロちゃんのポテンシャルに気づいたんですか？

藤井　それはわりと明確に覚えていて、最初は『クイズ☆タレント名鑑』という番組でした。その中で「モノマネされるまで帰れません」みたいな企画があって。バスにボビー・オロゴンさんとか『クレヨンしんちゃん』の声優さん（矢島晶子）などのモノマネされがちな人たちが待機していて、「何かモノマネはできますか？」と街頭の一般人にインタビューをして、「オラ、しんのすけだぞ」と待機メンバーのモノマネが出たら、帰れるというシステム。で、バスの中にはクロちゃんもいて、そこでの（田村）淳さんとの中継の掛け合いが予想外に面白かったんですよね。モノマネされて帰宅できることになったときの「今の気分は？」「最高です！　ありがとうございました！　じゃあ帰ります！」みたいなやり取りから、淳さんが「じゃあ将来の夢は？」ってズラした質問をしていったときに「えっ、将来⁉今が将来じゃなくて⁉」みたいに。クロちゃん特有のうろたえぶりもありつつ、しっかりそこに食らいついていって（笑）。

――リアクションが抜群ですよね。

藤井　もちろん淳さんの追い込み方が見事だったというのもあるんですけど、返しの速度やワードのセンスがすごくしっかりしてるなと思いました。「とりあえず、なんでもいいから返す」という姿勢もよかったですし。そして、そのあと『テベ・コンヒーロ』に出てもらったときは、淳さんや有吉（弘行）さんたちとクロちゃんの家に行くことになったんです。

――『水曜日のダウンタウン』でも散々放送された例のマンションですね。

藤井　あの汚い部屋で、天井の照明カバーに虫の死骸が入っていたんです。それで「うわっ、虫が死んでるじゃん」とメンバーたちが指摘したら、「虫じゃなくてゴミだもん」って変な言い訳をするんですよね。で、「ゴミじゃない！　虫だよ」って詰められたら「虫も死んだらゴミだし」と最低の発言をしていましたが……。

クロちゃんありきで「どうしたら面白くなるか？」を考える

――そう考えると、藤井さんとクロちゃんのつき合いも結構長いですね。

藤井　そうですね。嘘つき要素だったりは『水曜日』になってからの発見なんですけど、その嘘を発見したのも偶然の産物で、むしろ最初は「正直にSNSに居場所を書いている」ってのを取り上げたぐらいなので。

――どういうことでしょうか？

藤井　「SNS投稿を見て、実際に有名人に会いに行く」という企画があったんです。その点に関していうとクロちゃんは本当に書き込み通りの場所にリアルタイムにいたので、何度も番組スタッフに居場所を特定されていて。ところが、そこから「歩いて帰る」とSNSにわざわざ書いてタクシーで帰ってくるっていう、意味不明の嘘が見つかったんですよね。

――なるほど。それがオンエアされ、「信じがたいサイコパス野郎だ」と炎上するようになったわけですね。

藤井　あれって炎上なんですかね？　炎上といっても、別に誰かに迷惑をかけているわけではないんですけどね。そこって意外と大事なポイントだと思うんです。嘘つきではあるけど、被害者がいるわけではないし、人に迷惑はかけていない。クロちゃんが人に迷惑をかけている本当の悪人だったら、さすがにそれは笑えないぞって話で。でも「ヒールではあるものの、ある種の人気者」という独特のポジションは、クズっぽい発言や行動の中にも、どこか愛せる人間性が見え隠れするからなんじゃないですかね。たしかにダメ人間ではあるんですけど、家がどれだけゴミ屋敷だったところで、外に溢れでもしない限り他人に迷惑はかけていないですから。

――言われてみたら、その通りです。

藤井　もっとも本人は無自覚なのかもしれないですけどね。

――すごくピュアな一面もありますよね。何度もドッキリに引っかかっているのに、毎回、新鮮に騙されていますし。

藤井　「そんな楽しいだけの企画があるわけなくない？」とは思うんですけどね（笑）。基本的に素直なんでしょうね。実はすごく人当たりもいいですし。基本マイナスイメージから入るってこともありつつですが、クロちゃんに直接会って嫌な印象を受ける人ってあんまりいないと思いますね。

――視聴者にはあまり伝わっていないかもしれませんが、すごく腰も低いですしね。過去に藤井さんはクロちゃんについて「放っておいても、面白いことを言うタイプではない」と評したことがあります。この点について、もう少し踏み込んで説明お願いできますか？

藤井　どんな環境に放り込まれるかが大事ですよね。僕らのやり方がベストかどうかはわかりませんが、誰がやっても面白くなる素材ではないと思います。コンディションを整えてあげたら、爆発する力は当然持っていると思いますが、1から自家発電するのは苦手だと思うので、こっちである部分のおぜん立てはしてあげなくてはいけない。決して、お笑い芸人として万能ではないんだけれど、他の人にないものを持っているのも事実。フィールドやコンディションがすべてマッチしたときには、他人が真似できないパワーを生んだりしますよね。

――その環境作りに関していうと、マックスでクロちゃんのポテンシャルが引き出されるのは？

藤井　う～ん、これは言語化するのが非常に難しいですけど、恋愛っていうのはひとつ得意ジャンルとしてありますよね。「モンスターラブ」もそうですけれど、すぐに女の人を好きになるし、なによりそれをカメラの前で見せることに照れがない。

――冷静に考えたら、すごい話ですよね。カメラが回っていて、照明も当たっている中、普通はあそこ

まで簡単に恋に落ちることはできないです。

藤井　恋愛って本質的にすごく恥ずかしいものじゃないですか。女の子の前で泣きじゃくったりするのはものすごくカッコ悪いし、ましてやそこにカメラが回っていて、全国に晒されるわけで。それなのに臆面もなく自分を出し切れる。それは間違いなくクロちゃんの凄味ですよね。

――そこを引き出す番組スタッフの手腕も見事だと思います。

藤井　クロちゃんモノに関しては、そもそも企画からスタートしているわけじゃないですからね。別に僕たちは恋愛リアリティショーが作りたいわけじゃなくって、まずはクロちゃんという特殊素材ありきで、そこに「何を掛け合わせたら面白くなるか？」という順番で考えての恋愛企画ですから。

叩かれるのは基本的にクロちゃん1人

――この本の主題でもあるクロちゃんのメンタルコントロール術については、どうご覧になっていますか？

藤井　昨今の状況として、リアリティショー的な企画を行う場合には出演者のメンタルケアが必須になってくるんですが、クロちゃん企画が他のリアリティーショーと明確に違う点は、叩かれるのは基本的にクロちゃん1人だということ。そこを一手に引き受けてますからね。そのへんのタフさはやっぱり特別だと思いますし、素人には真似できない受け身の技術があると思います。

――今の時代はコンプライアンスも厳しくなっているし、クロちゃんのような芸風はバラエティ界では不利なのかもしれません。

藤井　極論すれば、僕らは別に構わないんですよ。誰かがひどい目に遭うような、そういうやり方でしか番組が作れないわけじゃないので。でも、そういう笑いが得意で、そういう方向でしか良さの出ない芸人さんは可哀想だと思いますけどね。

――クロちゃんの場合もある種の異常性が魅力なわけですが、それを差別的だと言われると厳しいものがあるでしょうね。

藤井　クロちゃんもトークがうまいとか芝居が器用にできるとかそういうところで勝負しているわけじゃなくて、普通の人とはちょっと違う人間自体の面白さが売りになっているわけじゃないですか。見世物小屋的に変わり者を笑うっていうことがあまりよしとされない現状の中で、どう戦っていくのか……。まぁクロちゃんに関しては今のスタイルのまま、行けるところまで行ってほしいと思っていますが。

――最後にクロちゃんに望むことがあったらお願いします。

藤井　月並みですが、とにかく健康には気をつけてほしいです。それは真剣に思いますね。一時期、コロナ渦でジム通いができなくなったとかで、すごくだらしない身体をしていたことがあるんですよ。なんだかんだ言ってもクロちゃんってトレーニングをしてるから、肥満体というより、プロレスラー的にガッチリした身体をしているじゃないですか。だけど、あのときはたるんだオジサン体型になっていたので、非常によくないなと思いましたね。

――健康については、本人もだいぶ意識高く取り組んでいるみたいですけどね。

藤井　やっぱり、クロちゃんみたいな芸風……芸風と言っていいのかわからないですけど、ポジションって、心身ともに健康じゃないと成立しないじゃないですか。強靭なメンタルと身体を持っているから、一般人が真似できない技の食らい方ができるという。〝ひどい目に遭うプロ〟がきれいに受け身を取っているからエンターテインメントになっているわけで、素人が表面だけ真似したら大ケガしてしまう。そういう意味でも、クロちゃんにはプロとして心身のコンディションを常に整えていてほしいなと思っています。

証言3

紀井英顕

松竹芸能株式会社
東京マネジメント部

Hideaki Kii

「いろんな芸人を見てきましたが、ここまでブレないのは珍しい」

毎日クロちゃんとともに過ごし、人間・クロちゃんを一番間近で見ている、安田大サーカスのマネージャーである紀井氏。『水曜日のダウンタウン』で時々画面に映り込んでいることもあり、クロちゃんファンにとってはお馴染みの存在かもしれない。今回、マネージャーしか知りえない、クロちゃんの〝裏側〟を語ってもらった。

松竹芸能で安田大サーカスおよびクロちゃんのマネジメントを担当している紀井と申します。クロちゃんとのつき合いは、かれこれ10年くらいになりますかね。時系列でいうと安田大サーカスのデビューが２００１年、僕が入社したのは05年、３人の担当になったのが12年ですから。

当時、安田大サーカスは苦しい時期ではあったんです。頑張ってはいたものの、３人とも仕事も情緒も不安定でした。まぁ逆に言うと失うものはなにもなかったから、やりやすい部分もありましたけどね。そこから紆余曲折はあったものの、おおむね仕事面は安定していくようになりました。

僕個人のクロちゃんに対する印象というのは、10年前から一貫しているんですよ。その間、周りからの評価は大きく変わりましたけどね。クロちゃんは決して器用なタイプじゃないし、芸人としては「一

1978年、奈良県出身。近畿大学卒業後、05年に中途採用で松竹芸能株式会社に入社。安田大サーカスのほか、大阪・東京で多くのタレントのマネジメントをこれまでに担当。まれにクロちゃんのＳＮＳなどに登場することもある。

点突破型」。得意なジャンルには猪突猛進するけど、興味がないことには目も触れない。よくクロちゃんは「努力だけは決してしない」とか言うじゃないですか。でもあれって正確には「自分が無駄だと思ったことは努力しない」であって、好きなことは徹底的に努力しています。

僕が一番すごいと思うのはそこなんです。決してブレないところ。貫き通す姿勢。自分を見失わない強い意志力。芸人とかエンタメとか関係なく、1人の人間としてなかなかできることじゃないですよ。「ここが自分の生きる道だ」と感じたら、一点集中で貫き通しますから。僕もいろんな芸人を見てきましたが、ここまでブレないのは珍しい……珍しいというより、他にいません。クロちゃんはもともと芸人に憧れて芸人になったわけじゃないから、芸人の中でも非常に特殊なんです。

仕事に関しては常に全力で取り組む人だし、完全にプライベートを犠牲にして働いています。朝から晩までテレビのクロちゃんのままでいる。なにしろ素の「黒川明人」に戻る時間がまったくないですからね。表も裏も同じ調子だし、SNSでもまったくキャラがブレない。もっとも、あれをキャラと言っていいのかは微妙ですが（苦笑）。でも芸人仲間が「すごいとは思うけど、うらやましいとは思わない」とクロちゃんを評するのは、そういうところもあるんじゃないかな。

クロちゃんの頭の回転の速さとかバイタリティとかは、見る人が見ればわかるじゃないですか。実際、「実はすごい人なんじゃないか」みたいな意見は増えてきましたよね。繰り返しになりますが、本人は昔からまったく変わっていないのですが。

例えば今でこそアイドルに詳しいということが知れ渡って、アイドル関連の仕事もすごく増えていますけど、昔は拒絶反応がすごかったですから。アイドル本人というよりは運営サイドから「は？　うちのタレントを危険な目に遭わせる気ですか？」といった調子であからさまに共演を避けられていた。ところが今は主催する「クロフェス」に出演したいということで、低姿勢で接してくる関係者も多いんです。

あまりの手のひら返しぶりに笑っちゃうし、時間はかかったけどクロちゃんの本当の姿が知られるようになったんだなと感慨深いところもあります。理解しがたい人間性なので、致し方ない部分もあるんですけどね（笑）。

今後、クロちゃんに望むのはプライベートの充実。具体的には家庭を持つことで、生活を安定させほしい。今のクロちゃんは仕事的に絶好調だし、僕も全力で支えていきたいと考えていますよ。ただ、「クロちゃん」ではない「黒川明人」の部分が不足しているんじゃないかなと感じる部分はあるんです。若干、ワーカホリック気味ですしね。

本人は望んでいたかたちじゃなかったかもしれないけれど、『水曜日のダウンタウン』さんの演出効果もあって、クズ芸人としての地位は確立できた。でも、これをいつまで続けるのかという問題は別にあるわけですよ。「母親から仕送りをもらっている」みたいなクズ話を続けるっていうのはキツいじゃないですか。

もう年齢的にも46歳を過ぎて50歳に向かおうとしているので、そろそろ芸人としても転換期を迎えざるをえないのは事実。そういうタイミングだからこそ、黒川明人としても幸せになってほしいと切に願いますね。そして息の長い活動を期待しています。

あとがきに代えて

自分のスタイルを貫いて人生を価値のあるものに……

人になにかを教えるとき、それまで当たり前に感じていたことにハッと気づくことはありませんか？　この本の制作過程はまさにこうした自己発見の連続で、「俺って実はこんな人間だったの？」とビックリすることがたくさんありました。特に恋愛に関しては苦手意識も持っていなかったから、「だから今までダメだったのか……！」と自分自身に向き合ってショックを受けましたね。

でも、それも含めて僕の人生なんですよ。自分のケツは自分で拭くしかない。もし100回生きるとしたら、おそらくあとの99回はまったく違う生き方をするでしょう。

僕のこの人生は１００分の１のレアケースなんだと思いながら毎日を過ごしているんです。

この本を手に取っている人に改めて伝えたいのは、あなたの人生はあなたのものでしかないんだよということ。結局、あなたも自分のケツは自分で拭くしかないんです。残念ながら、僕はあなたの救世主にはなれないですからね。

でも、この本を読んだ以上は人生のプラスにしてほしい。なにかしら学びがあったと感じてほしい。生きるためのヒントにしてほしい。それは切実に思います。

本を読み進めていく過程では、僕が先生、あなたが生徒という関係だったかもしれません。でも、先生が言うことを何から何まで鵜呑《うの》みにする必要はない。むしろあなたなりに咀嚼《そしゃく》して再解釈することが大切なんです。

そして最終的に得してほしいですね。決して損はしないでほしい。

僕もそうだし、これを読んでいるあなたもそうだけど、人生が１回だけであることは間違いない。その１回しかない人生を、他の誰かに調子を合わせて生きるなんて、そんなことでいいのかって僕は問いたいんです。

どうせだったら、自分のために全力で生きてみたいじゃないですか。寿命を迎えて死ぬとき、「ああ、好き放題やったな。もうやり残したことはない」と人生を振り返りたいですからね。「結局、なんのために生きていたんだろう?」って茫然としたくはないですよ。

これは熱量の問題でもあるんです。アニメとか、アイドルとか、プロレスとか、僕には常に夢中になるものがありました。本気で好きだったら、他人からどう思われようと構わないと開き直れるはず。昔の僕は『うる星やつら』のラムちゃんが好きすぎて夜中に泣いていたこともあるけど、笑われたって別に知ったこっちゃないです。むしろそれくらい没頭できるものがあれば人生は幸せだと思う。

とにかく自分を貫け――。僕が言いたいことは、これに尽きます。貫いた先には絶対に価値のあるものが見つかるはずですから。みんなが見ているものとは違う、あなただけの景色が目の前に広がっていることでしょう。

正直、世の中はつらいこともたくさんありますよ。呼吸することすらしんどいと感じることが僕だってあります。人間は必ず失敗するし、後悔だってする。でも自分のスタイルを本気で貫き通したら、少なくても自分の人生を生きているんだという実感は持つことができる。

貫いて、貫いて、徹底的に貫き通して……少しでも自分の人生を価値あるものにしていきましょう。

最後まで読んでいただきまして、誠にありがとうございました。

安田大サーカス・クロちゃん
1月のよく晴れた自宅マンションにて

クロちゃん（安田大サーカス）
1976年12月10日生まれ。本名黒川明人。広島県出身。松竹芸能所属。
2001年、団長安田、HIROと共にお笑いトリオ・安田大サーカスを結成。
『水曜日のダウンタウン』（TBS系列）がきっかけで結成されたアイドルグループ・
豆柴の大群、都内某所のアドバイザーを務める。
現在自宅に24時間監視カメラが設置されており、2022年12月に放送された
『水曜日のダウンタウン』の企画で10年ぶりに彼女ができた。
Twitter:@kurochan96wawa

日本中《にほんじゅう》から嫌《きら》われている僕《ぼく》が、
絶対《ぜったい》に病《や》まない理由《りゆう》
今《いま》すぐ真似《まね》できる！　クロちゃん流《りゅう》モンスターメンタル術《じゅつ》30
2023年1月31日　第1刷

著者　クロちゃん

発行者　小宮英行
発行所　株式会社徳間書店
〒141-8202
東京都品川区上大崎3-1-1
目黒セントラルスクエア
TEL（編集）03-5403-4333　（販売）049-293-5521

印刷・製本　大日本印刷株式会社

装丁　サカヨリトモヒコ
構成　小野田衛
撮影　荻原大志
ヘアメイク　尾古夢月（GiGGLE）
協力　松竹芸能株式会社
編集　松本真希子

ISBN978-4-19-865591-4　振替 00140-0-44392